U0914925

国家新闻出版广电总局

向全国青少年推荐优秀出版物

甲骨文的故事

汉字的寻根探源之旅

董作宾　董敏／著

海南出版社
·海口·

甲骨文的故事
董作宾、董敏 著
中文简体字版 © 2015年由海南出版社有限公司出版、发行
本书经城邦文化事业股份有限公司【商周出版】授权，同意经由海南出版社有限公司，出版、发行中文简体字版本。非经书面同意，不得以任何形式任意重制、转载。

版权所有 不得翻印
版权合同登记号：图字：30-2014-110号

图书在版编目(CIP)数据

甲骨文的故事 / 董作宾, 董敏著. -- 海口 : 海南出版社, 2015.12（2022.4重印）

ISBN 978-7-5443-6202-3

Ⅰ. ①甲… Ⅱ. ①董… ②董… Ⅲ. ①甲骨文－中国－通俗读物 Ⅳ. ①K877.1-49

中国版本图书馆CIP数据核字(2015)第190977号

甲骨文的故事

JIAGUWEN DE GUSHI

作　　者：董作宾　董　敏
责任编辑：张　雪
装帧设计：黎花莉
责任印制：杨　程
印刷装订：三河市祥达印刷包装有限公司
读者服务：唐雪飞
出版发行：海南出版社
总社地址：海口市金盘开发区建设三横路2号　　邮编：570216
北京地址：北京市朝阳区黄厂路3号院7号楼102室
电　　话：0898-66812392　010-87336670
电子邮箱：hnbook@263.net
经　　销：全国新华书店经销
出版日期：2015年12月第1版　2022年4月第9次印刷
开　　本：787mm × 1092mm　1/16
印　　张：14.75
字　　数：138千字
书　　号：ISBN 978-7-5443-6202-3
定　　价：35.00元

【版权所有，请勿翻印、转载，违者必究】
如有缺页、破损、倒装等印装质量问题，请寄回本社更换。

〔作者序〕

甲骨文的小书童

董　敏

甲骨文是我父亲——董作宾先生一生的最爱，这些史料对中国历史非常重要，连孔子以至司马迁在写《史记》之时，都不知道有甲骨文的存在。

在对这批三千五百年前的史料的发掘和研究上，我父亲除了在学术、史学上面着力之外，也投入很多精力在甲骨文书法的推广上，而他的目的就是希望中国人能多认识自己祖先所遗留的文化遗产。所以不分昼夜、不计辛劳，不惜牺牲休息的时间，在研究工作余暇不停地挥毫。在没有传真、影印、电子影像和计算机的时代，只借助诗、词、雅句的结合，在甲骨文书法上辛勤地“笔耕”数十年，只是期望大家能多了解甲骨文。

因为父亲亲笔摹写过千百幅发掘出土的甲骨文实物，就连我这甲骨学的门外汉，随着年岁增长，对甲骨文略有认知后，也深感父亲的甲骨文书法，可说得到殷商两百七十三年间，数十位贞人笔意的真传。

我为什么自名为“甲骨文的小书童”呢？这和父亲勤于书写甲骨文书法作品有密切的关系。我曾和亮轩先生吐过苦水，他后来曾撰文描述，且节录如下：“董敏虽然没有继承甲骨学的父业，但他对他父亲的甲骨文却有一种特殊的感情。原来董敏年方五六岁之时，就开始替他的父亲磨墨，在一个直径一尺的大圆砚台上，努力地磨呀磨的，墨要拿正，磨要平稳，一点都不许浮躁，磨满了一池墨汁，工作还没完，他还要替他的父亲拖纸站在桌子对面，父亲写好一个字，他就把纸拖一拖，好让父亲在空白处落笔。这个工作从稚龄幼童一直担任到他的大学时代，董敏设计了一种杠杆、轮轴相配合的‘拖纸机’，让写字的人可以随意地借那个小机械把纸上下移动，他的工作才卸掉大半。由于这一渊源，董敏对他父亲的甲骨文书法，更有特殊的偏爱，不过由于董敏长年看甲骨文都是倒着看，一直没有注意到诗词的内容。在他父亲逝世多年后，他检视遗物，蓦然发现境界之高，韵致之美。”事实上正如亮轩先生所言，父亲逝世多年后，我更体认到甲骨文所表现的智慧、创意之深奥和伟大。

中国人口有十三亿之多，散布各地的华人更不在少数，这么多的人使用的华语都以汉字为基础，而目前确知的汉字源头就是甲骨文。用心认识甲骨文字，就可以了解在十三亿华人的文化血脉中的共同DNA——汉字。不论识与不识，这一基因存在于每个华人身上。深入了解汉字的演进由来，自然而然可使血脉中的文化深化，进而对自身文化产生强大的信念和骄傲。所以我一直希望能将古老的甲骨文“麦当劳”化，让八岁到八十八岁的人都能认识它、爱它。

这次蒙出版社的倡导和编辑同人们的同心协力，推出这本让大众能认识又爱读的甲骨文书，也正式向这目标迈出了一大步。希望大家都能“爱吃”它、“消化”它，更能向所有人推广对甲骨文的爱和认识。

这本书从构思到完稿，我们请了李殿魁教授指导，也承蒙他于百忙中一直指示我们方向，更细心地逐字校正，他对甲骨学的博学，也使我在编辑这本甲骨学的通俗小册子时，能将当代显学得以用“博观约取”的手法编辑成书，在此特别感谢他的指导，使我们能一窥这座三千五百年前的“大观园”。

目　录

第一章

缘起：董作宾先生趣谈甲骨文

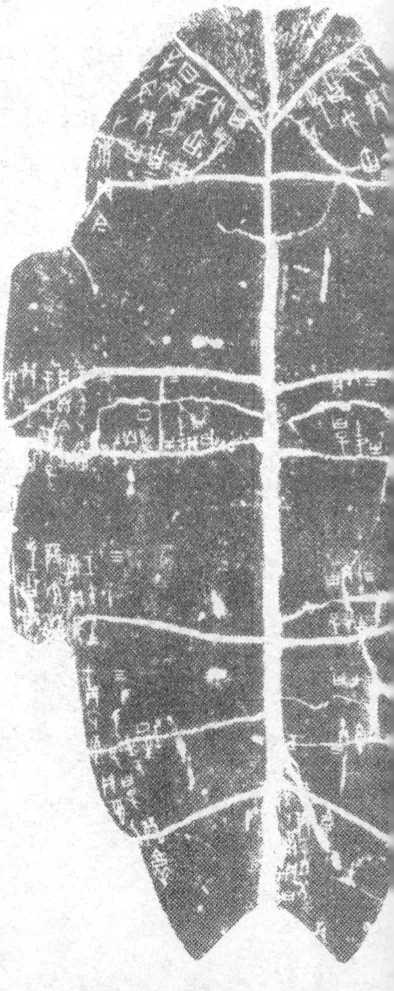

董作宾和甲骨文

甲骨文的发现、研究和崛起，背后有许多的机缘巧合，但更是因为许多人持续不懈的发掘和研究，才在这短短不到百年时间，开启了这把通往三千五百年前的历史的钥匙，并发展为一门显学。而在发掘及解读甲骨文上，不能不提的一位，便是董作宾先生。

董作宾，字彦堂，是甲骨四堂之中唯一接触过实地考古工作的大师。一九二八年，正因董先生一句“甲骨文挖掘之确犹未尽”，才使当时的中研院历史语言研究所所长傅斯年先生下定决心，展开正式的甲骨文的发掘工作，可以说没有董作宾先生，大量的甲骨文就可能失去问世的机会。

除此之外，董作宾亦是中国甲骨学和考古学的重要奠基人之一，其贡献广为人知，无论是“贞人说”“甲骨断代方法”“分期分类”以及“殷历谱”等，都是欲踏进甲骨殿堂的初学者必须认识的重大课题。

要谈甲骨文，是很难和董作宾先生分开的，正因为有了他，甲骨文才能被世人看见，也正因为有了甲骨文，董作宾的成就才能流传于世，即使两者相隔三千余年，却如此紧紧地纠缠在一起、无法分割。

本章节便从董作宾先生的手稿及论说开始，从大师深入浅出的说明中，初窥甲骨文的面貌，并跟着大师的脚步，一同进入到甲骨文的世界中。

壹 谈甲骨文与中国文字

两万年前华北已有人居住，一万年前(旧石器时代)已有了文化发展，五千年前，已有了新石器时代的农业耕作，而文字的起源，便正当此时，所以到了古籍中流传的黄帝时代，有了史官，有了文字，并不算稀奇。

再看荀子所说：“好书者众矣，而仓颉独传者，一也。”可以知道仓颉以前，应该已经有文字，正像章太炎所说：“仓颉者，盖始整齐画一，下笔不容增损，由是率尔著形之符号，始为约定俗成之契。”

唐兰亦说：“无论从哪一方面看，文字的发生，总远在夏以前，至少在四五千年前，我们的文字已经很发达了。”这种估计，大致是不错的。

◎甲骨文是不是很原始呢？

甲骨文字究竟是不是很幼稚呢？我们可以用决定性的答案说：“不是。”今天从甲骨文字看商代文化，反而足以证明我国文字起源之早。理由如下：

第一，甲骨文字是商代文化的一个角落，所记的卜辞，只是商王问卜的事迹，但这一部分文字，识与不识，已用了两千年左右。而占卜事迹用字之少，正足以反映出商代当时实际所使用的文字应该更多。

第二，中国文字到了甲骨文字，已经过了相当久远的时期。文字起源于图画，逐渐简化，由绘画变为符号，用线条来表示，成了象形文字，甲骨中的象形字，已经进化到用线条表示符号了。

第三，中国文字的排列，自始就是向下直写的，这大概是因为所用的竹木简册都是窄狭的长条，直排起来，就非下行不可。为了下行，凡是横宽的字，不能不侧着写，所以虎、马、豕、象、犬、龟、鱼等字，都做向上爬行之势，这正是文字和图画的不同之处，我们看埃及文和东巴文的动物字，就绝对不能如此，可以知道它们还是图画，而甲骨文已变为符号了。

第四，是“下行而左”的文例，已经确立。这大概是最初的简册，从右向左编排的缘故，久而成了习惯。

第五，在商代，许多文字的用法已不是原始的意义而借用它的字音做别的意思了。例如风雨的“风”字，所借的是凤鸟的“凤”，左右的“右”字，被借为有无之“有”。

第六，是商代文字应用的普遍，从殷墟发掘以来，我们更

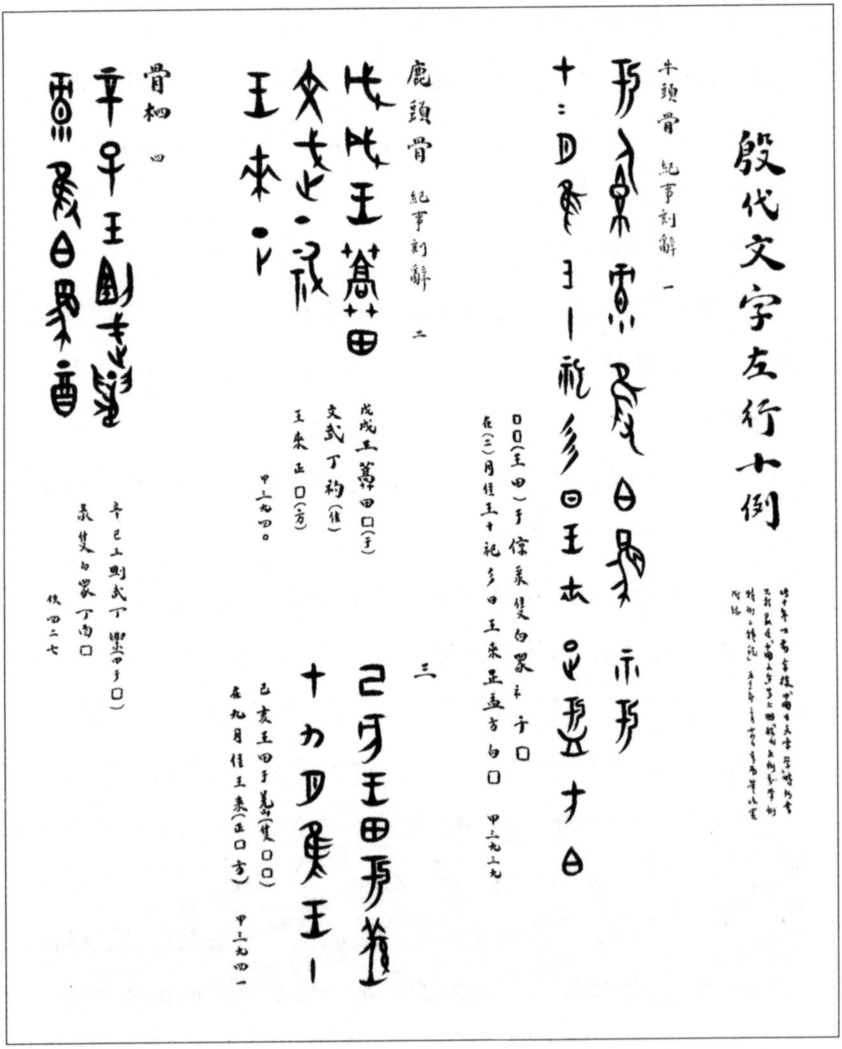

◎ 殷代文字左行十例之四，此为董作宾讲授古文字学之讲义。

知道许多器物上都有刻或写的文字，像石器上朱书的字，白陶器残片上墨书的字，灰陶、石器、玉器、骨、角器上的刻文，以及人头、鹿头、牛头骨上的刻文，这些东西，因为不腐朽而保存至今。甲骨中有典册之字，亦有抄写典册上的记录，可以证明商代确有竹木简册，不过原物已不存在罢了。

第七，是书写的工具完备，由甲骨、陶器上书写的文字，证明商代必有毛笔，写字用红、黑两色，经化验证明与后世所用的朱墨一样，从修治甲骨所用的刀削锯凿等物，可以推知这些东西同时也是用于制作竹木简册的利器。

第八，是造字的方法齐备，我国造字的方法，经后人分类整理，共有六种，就是所谓“六书”：象形、指事、会意、形声、转注、假借。据许慎《说文解字》所叙，日月(象形)、上下(指事)、武信(会意)、江河(形声)、考老(转注)、令长(假借)等字都有。

世界上所有的原始绘画文字，都已改为拼音的音符文字了，只有我国文字还保存着比较原始的状态。每一个图画变成了一个方块字，田字像农田，大字像大人，多少还保存一点原来的意思，所以称为意符文字。

其实我国文字，在古代已早就同时用音符了，最初的三种造字方法，自然完全是意符，为象形、指事、会意。可是这三种方法造出的字，只占了十分之一二。以后又想出造“形声”

字的方法，声音占一半，图形占一半，把音符与意符合在一起，就大量制造新字，数量要占着十分之八九。

因为古语和方言的关系，转注字也造起来了，可是转注字的造出，仍然只是增加了形声字的数量。假借字是完全借用同音的字而不再造字了。所以可以说我国文字，是把绘图文字变成注音文字，不过应用时仍是原有的“音单位”，没有用字母拼成而已。

中国文字经过了五千年演进，一直用到现在。能够如此，据我看，有八个特点：

一、中国文字是注音字而不是拼音字——文字是语言的符号，不能离开语言而独立，中国语用一个“单音节”表示一个物名、一个意思，这和欧美各国的语言用复音节是大不相同的。复音节语，不能用一个字代表许多音，而我们能够。因为单音节的关系，同音字多，不但用耳来听，同时也需用眼来看。如“工”“公”“功”和“攻”，所以中国字是“目治”的“意符”，不完全是“耳治”的“音符”。

二、中国文字有统一的功能——因为中国文字是“目治”，是“意符”，靠着眼睛就可以辨认，所以它可以离开读音。无论古今方言声和韵如何转变，它的含义永远不变，因而能发挥“同文”的功能。我们中华民族能成为世界上最古老而又最大的国家，统一的功劳就只有我们目治的意符文字，可以当之无愧。

三、中国文字有声调的别异——我国文字因为是单音节，同音字多，所以向声调方面发展，一个音发出来时，从它的长短缓急轻重疾徐做区别，因而有声调发生。用声调来区别文字，这是中国特有的。以前赵元任博士曾作《施氏食狮史》一文，考试他的美国弟子，让他们读释。原文如下：

“石室诗士施氏，嗜狮，誓食十狮。施氏时时适市视狮。十时，适十狮适市。是时，适施氏适市。施氏视十狮，恃矢势，使是十狮逝世。氏拾是十狮尸，适石室。石室湿，氏使侍拭石室。石室拭，氏始食是十狮。食时，始识是十狮实十石狮尸。试释是事。”这篇文字，虽然近于开玩笑，却正可以表现我国文字的一种特点。

四、中国文字有下行的文例——下行而左的固定体例，殷商时代已然。

五、中国文字有书法的艺术——我国文字从原始的绘画，演进到了商代，已转变为符号，完全用线条表现出来，成功衍伸为一种书法的美。写的字笔画圆润、柔和、丰满，刻了之后的字，便显得刚劲而瘦削了。

六、中国文字的排列很整齐——我国文字，结构方正故易整齐。

七、中国文字有骈俪对偶之妙——中国文字，每字有独立

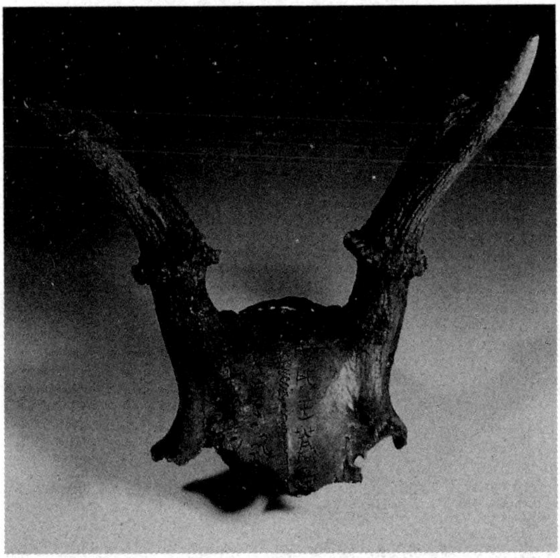

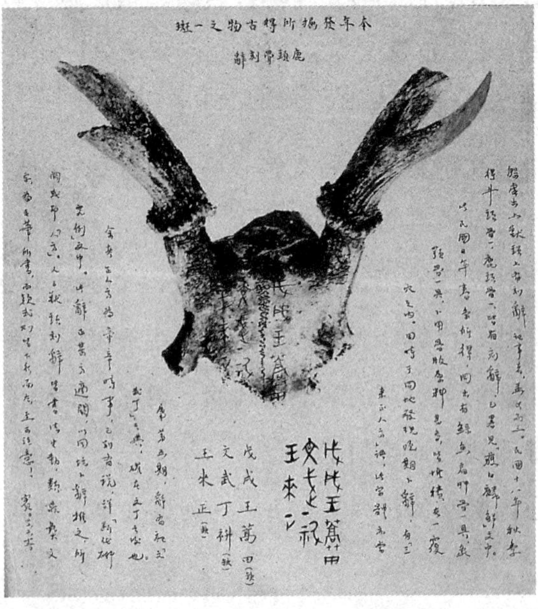

◎ 鹿头骨刻辞：戊戌，王蒿（郊）田，文武丁祼，王来正（征）。

的组织，可以两两相对，骈俪成文，如辞、赋、骈体文、律诗、词、曲在世界文字中确是独具一格，为拼音文字所绝对难以比拟的。

八、中国文字学习使用并非难事——一般习于拼音文字，总以为我国方块字难学难用，事实上并不如此。我国文字，现在虽已距离图画甚远，但每个字自成一个独立的单位，具体地代表一个语言，一个印象，一件事物，试授于初学幼童，反较拼音文字更为易记。

以上八种，是我国文字的特色，我们日常使用，反而习焉不察，而以权威的中国语言学者闻名世界的瑞典人高本汉曾说过："这个大国里，各处地方都能彼此结合，是由于中国的文字，一种'书写的世界语'做了维系的工具。假使采用音标文字，那么这种维系的能力就要摧毁了。"

正因为中国文字是中国人一生相随的基因，所以我们要认识了解这些"基因"，方不愧为有文化水平的中国人。

贰 殷商时期的人已经用毛笔写字了？

甲骨文发现之前，人们对于殷代文化的知识，真是太贫乏了，仅凭着几篇周汉的载籍，捕风捉影地知道一点轮廓。自从甲骨文字发现以来，才看到殷代的直接史料，才知道殷人有书契文字；自从殷墟发掘以来，在小屯村的垃圾堆中，才找到了殷文化的“糟粕”；在侯家庄劫余的陵墓里，才找到了殷代文化的“精华”。于是我们才可以谈到殷代的物质文明进步到如何的程度；我们才可以欣赏到殷代的绘画、雕塑、书写及契刻，一切如何精美。别的且不谈，这里单说书与契。

◎谈殷人之书写与契刻

书，契，在以前都认为是二合一的东西，拿一把铜刀子，顺手一挥，便可以刻出来琳琅满目的龟甲兽骨上一切的文字。要知道书契是两件事，契刻的文字，是先经过书写，这是近六十年才掘发出来的秘密。

由此，我们更可以大胆地说，在三千年前，我们中国人已有毛笔为书写文字的工具了，我们可以指出某版某辞是某人的手笔，我们可以摩挲欣赏这些殷代名书家的墨迹，和他们亲手契刻的文字，而重新估定其在美术方面的价值。虽然这些话是有点骇人听闻的。

但事实是不可磨灭的，我可以把近数年间由考古工作所发现的事实在这里报告。

一、殷人书写的方式

殷人书写有朱书与墨书之异。

朱书的卜辞，我第二次发掘时得了一块朱书的骨版，第三次又得了两块，朱色在土中日久，已变为浅赭。去年新出的龟版(现通“板”)，更多朱书，色泽较鲜，可以互证。书写的工具是毛笔，书写的方法是横画先左后右，直画先上后下，完全像现在楷书的“笔顺”。

墨书的文字，仅见于一块残的白色陶片上，只余记事文字最后“隹王几祀”的一个“祀”字。此字由形体的演变上，可以看出属于殷代晚期之物。早期的“示”字偏旁，只有一横一直。中期才在上面加一小横画，晚期(第五期)又在直画的两旁，各加一直，便成了许君所谓“天垂象，见吉凶”之“三垂日月星”了。[①]

此片出于第七次发掘，小屯村北E区之一窦窖中，完全埋藏于殷代文化层之下部，绝对可以保证其为殷代遗物，由横竖勾勒，轻重起伏之运用自如，更显明地表现着此为毛笔所书。

二、殷人契刻的方式

殷人雕刻技术之精练实为惊人。在铸铜模型及石器、骨器上的粗细花纹，已十足地表现他们工艺之技巧，运用刀凿之灵活。他们以其余力从事于甲骨及一切器物上的文字契刻，均可见其游刃有余，工力周至。

就甲骨文字而论，甲骨所契刻的卜辞，本来就是一种粉饰太平，专供帝王玩好之物。固然，他们是笃信着天神同人鬼的，可是问卜的手续，只有钻凿龟骨之后再烧灼，由此见兆，便算完事。从安阳及他处发现的灼用龟骨，即是坚证。

所以书契卜辞，与其说是史臣纪实，毋宁说是当时的君王爱美。我们且看卜辞中之词句文法，多同于商周古籍，便可知当日在卜辞之外，必有典册；又殷墟出土之陶片、石器、骨器上，常有契刻文字者，也可见当时应用文字的范围之广；而大字骨版，执笔者大都是武丁时代的名书家（即贞人，史官），写

① 许慎《说文·示部》：“示，天垂象，见吉凶，所以示人也。从二，三垂，日月星也。”

完再刻，刻工之精，完全能保存着原书的笔姿与气韵；刻成之后，更施朱和墨精心涂饰，使之色泽灿烂，这不是美术品，又是什么呢？

讲到契刻的方法，也可以由现存之实物看出。

试举一例，譬如：帝王之“王”字，写成之后，先刻中间一直之右边，再倒转来，刻其左边，至此，一直画乃成；再向右横卧之，刻其三横画之上边，向左横卧之，刻其三横画之下边，至此，三横画成；必经四面转移，原书之王字，乃空白而成阴文。

全篇卜辞之契刻法，则先将全版之直画，一一刻之，无论先正后倒，或先倒后正，斜画同于直画，刻成之后，再一一刻其横画，亦需四方回转。我们试看卜辞中有许多但刻直画而忘却横画的，便可以知道契刻的先后了。

无论直画横画，必须双锋刻之，即左右各刻一刀，其中深处一线乃两刃相接之处。有先倒置而刻其左边者，有先正置而刻其右边者，这是由刀锋侧斜之程度可以推知的，先刻之一刃必较直，后刻者，刃必较斜，如此，所以利于剔出笔画中甲骨之残屑。此种刻法，与现世阴文雕版者大略相同。

契刻须先经书写，由契刻的技巧，亦可见书写的功力，甲骨文字中，大者如拇指，小者如蝇头，率皆一挥而就，用刀如笔，大有神工鬼斧之妙。

范例：“告”字之书写及契刻

经过前面的介绍，我们再用甲骨文“告”字的书写及契刻来仔细说明。

告字的书写

标号一至八为此字的书写笔顺，顺序和今日书写的笔画逻辑一致。从放大照片摹写可以发现，殷人用毛笔写字的方式为直书从上而下，横书由左而右，和现在的书法写字方式是一样的。

告字的契刻

第一刻：先将甲版倒置，先刻直书和斜画，顺序从左边而右，用刀由上而下刻画。

第二刻：将甲版恢复为正面，用倾斜的刀锋，再刻直书的右边，并剔出骨屑，完成直笔和斜笔。

第三刻：横置甲版，用刀锋的尖利处，刻画横画的上半部。

第四刻：倒转甲版，以倾斜之刀锋，刻画横画的下半部，并剔除骨屑，全字即完成。最后于刻成后再以朱色涂饰之。

从这里可以发现，殷人的书写和契刻笔画不同，这里的契刻法示意，并非只靠放大照片，而是经过显微镜观察详细探究契刻的笔画，我们由用刀时两边的倾斜度来判断先后顺序，也可以发现他们契刻时，并不是一个一个字刻完的，而

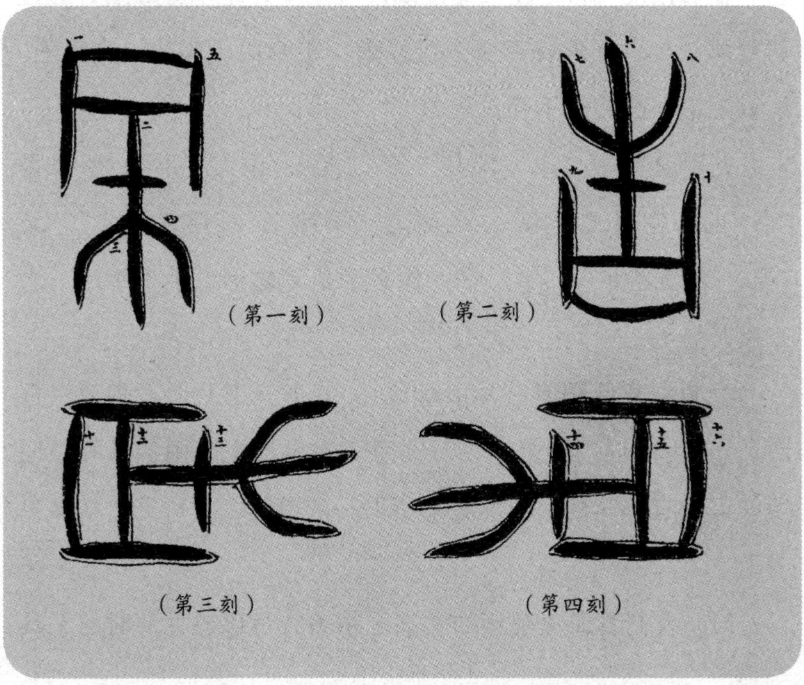

（第一刻）　（第二刻）

（第三刻）　（第四刻）

是同一个方向的直书先统一刻画，因此有所谓的四次刻画之说，这在殷人的练习未完成的甲骨上，可见皆为直书而无横画，就是证据。

三、殷人书契之工具

殷人书写与契刻的工具，简要言之，可分为笔、刀、朱、墨四事。

笔：殷人所用以书写文字之笔，乃是毛笔。毛笔是易朽之物，在河南的气候、土壤，一切环境之下，绝不会像蒙古的古居延海一样，还能保存着东汉以前，距今两千年的一支毛笔。所以毛笔在殷墟是不会发现的。

在甲骨文中“聿”即是“筆”(笔)，说文“聿”，所以書(书)也。楚谓之“聿”，吴谓之“不律”，燕谓之“弗”。又“筆，秦谓之筆”。“聿”字，像右手执笔之形，上为手，下之三撇乃是毛，中间一直乃是管。

殷墟书契后编有一片卜辞说：“其聿，王乃射，献兕，亡哉。”聿为动词，即笔为书写之意。在象形文字中，已可以证明殷人是有毛笔的，何况毛笔所书写的成绩，又可见诸众多甲骨上。

刀：我们看殷人契刻的文字之精美，可以想见那时的工具

“刀”，是如何锋利。第三次发掘殷墟时曾在大龟四版的同坑内得一铜刀，略如近世之刻字刀。

有人说：“铜刀不能刻得大字如彼之雄健，而小字又如彼之工细，必是钢刀所为。”但是在殷墟文化层始终未发现一点铁品，钢是更不会有了。以前英人明义士牧师曾得过两只玉刀，形如圆柱而下端磨以为刃，据说“出土安阳，是契刻甲骨文字的工具”。话虽如此，可是这玉刀的出土之处和用途，始终无法证明，在没有别的新发现以前，我们只能说殷人契刻的刀是一种合金的铜质。

朱与墨：第一次试掘殷墟时，我们已发现了调朱器和朱砂粒，以后也常常发现朱色的装饰与研朱的器具。墨的使用，是见于书写、绘画同装饰中的，原物却不曾发现过。在侯家庄曾

甲骨文現場

最早的书法家“贞人”

贞人一词，经董作宾先生考证，乃商代负责占卜的职人，他们替商王进行贞问（意即占卜）的同时，也会在甲骨上刻下贞问的内容，而这些契刻的文字就是甲骨文，这些贞人的笔画从刚健有力、清晰爽朗到生动不羁，即使相隔数千年仍能感受到那遒劲的力道，这批贞人也可谓是最早的书法家。

发现一只骨器，上面满绘着朱墨的花纹，似乎是一块已经画成尚未雕刻的材料。

四、书写和契刻的艺术

殷人书写与契刻的艺术，我们在三千余年后的今日，可以直接摩挲、欣赏他们的手迹，这是何等幸事！欣赏殷人的书契，最好是看原物，其次是拓本、照片，又其次是临摹。发掘殷墟以来因为各方面的启示，我们得到了断代的标准，殷墟出土的文字，可以分作五个时期，据我的推考（详见拙作《殷商疑年》），这五期的年代约略如下：

第一期：般（盘）庚十四年，小辛二十一年，小乙二十一年，武丁五十九年，合计百有余年。

第二期：祖庚七年，祖甲三十三年，合计约四十年。

第三期：廪辛六年，康丁八年，合计约十四年。

第四期：武乙四年，文丁十三年，合计约十七年。

第五期：帝乙三十七年，帝辛五十二年，合计约八十九年。

般（盘）庚迁殷至帝辛亡国，总计在殷（今安阳小屯村）建都约二百七十五年。现在的分期，前后两期较长，中间的三期较短。殷墟文字的艺术，也按五期来观察，可以见每一期都有他们特异的作风。

◎ 殷商武丁早期和征讨相关的全版甲骨刻辞，可看到武丁时期的书契之美。

第一期的雄伟：所谓雄伟是以大字的书契作为代表，其中自然也有不少的工整秀丽的中、小字作品。此期之书家，大都是武丁时的名史，如韦、亘、永、宾、争诸人，皆善为书、契。由他们的作品中——已著录之甲骨文字书籍，均可以观赏。他们的气魄之宏放，一望而知，不必我再来鼓吹了。

◎ 第一期

◎ 第三期

◎ 第二期

第二期的谨饬：般(盘)庚迁殷、武丁中兴，到了祖庚、祖甲兄弟，都可以说是守成的贤王。由当时史官书契的谨守法度，萧规曹随，更可以知道他们君臣有同一的风度，如旅、大、行、即都是第二期的书家，在他们的作品中，充分表现着严饬工丽的书契艺术。

第三期的颓靡：在廪辛、康丁之世，老的书家都死去了，后起的书家，在作品中颇显示他们工力的稚弱，同时从许多甲

甲骨文现場

商代帝王世系和天干地支

商朝又称商、殷商，建立于公元前十七世纪至前十一世纪，经董作宾先生考据的殷商历可知，商代计算年岁日月的方式是使用十个天干“甲乙丙丁戊己庚辛壬癸”以及十二个地支“子丑寅卯辰巳午未申酉戌亥”，搭配而成六十为一轮的特殊循环。而帝王的名字亦从天干地支中轮替，至今可考据出帝王的世系：

大乙商汤—太丁—外丙—中壬—太甲—沃丁—太庚—小甲—雍己—太戊—中丁—外壬—河亶甲—祖乙—祖辛—沃甲—祖丁—南庚—阳甲—盘庚—小辛—小乙—武丁—祖庚—祖甲—廪辛—康丁—武乙—文丁—帝乙—帝辛，共三十一位君主。

骨中，可以看到他们书契的遗迹，笔画的夺讹，形体的颠倒，是其他各期中不曾见过的错误。如和史狄一人前后书契的成绩相比，便可以知道当时书契的人才是如何缺乏了。

第四期的劲峭：此期是属于武乙、文丁时代。此时贞卜文字，不记史官名字，与前三期不同。但此时已有新兴的书家，能够力自振拔，一洗第三期颓废之习。他们的作品皆劲峭生动，颇有放荡不羁之概。

◎ 第四期

第五期的严整：此一期有方正的分段，匀齐的排行，书契文字大都为“蝇头小楷”，异常严肃工整。著名的书家有泳、黄等人。在兽头刻辞更可以看到乙辛时代大字书契的技艺。

殷人之书与契大致是如此，本来艺术的批评，因各人的观点而有所不同，这仅能代表我一个人的意见而已。如果能因此而引起读者欣赏殷人书契艺术的兴趣，那就算达到本文的目的了。

◎ 第五期

叁 最早的书法艺术：论甲骨文之美

甲骨文，在二十世纪初叶，曾在中国历史、文化、学术等领域绽放异彩，它光芒四射，照耀全世界。同时，它的一条光线支流，表现于书法美术。为了欣赏殷代名史家书契的文字，许多人把卜辞中可以认识的字，集为联语和诗词，书写出来供人悬挂欣赏。

这在“甲骨学”中，只能说是“游于艺”的一种余兴。我曾写过一篇小品，叫作《新瓶旧酒》，意思是用古文字做新篇章。发表在一九四九年十二月十七日《自立晚报》学术栏。用平庐笔名，叙述汪怡（一庵）先生的《集契集》，这本书是用甲骨文集为词曲小令的创作，这篇小品现在已不容易找到了。

我们的中国文字，在三千年前的殷代已由图画变成了符号，这种符号完全用线条书写，这种线条有刚健、柔媚，各种不同的姿态，尤其在一些象形字中，很接近大写意的原始图画，所以看起来就非常美观。

本来，世界上文字的起源都是图画，西方的文字完全变为“音符”，用于拼音，虽然很简单，但是已没有图画的意义了。

中国字一面附加“音符”，一面保存“意符”，一脉相传，上下五千年，每个字的结构不同，就特别能表现出书法的美来。从古至今，从金文、甲骨，以至小篆、隶书、行、草、正楷，历代都产生不少著名的大书法家。他们各人功力独到之处，表现出别样的精神和风趣，这正是“可为知者道，难与俗人言”的。实在说起来，欣赏中国文字的美，只有中国人有此眼福，又需特别具有欣赏书法的素养。

文字愈古，距离原始图画愈近，因此，三千年前的甲骨文字，便为一般爱好中国文化的人们所激赏。甲骨文本身，有过

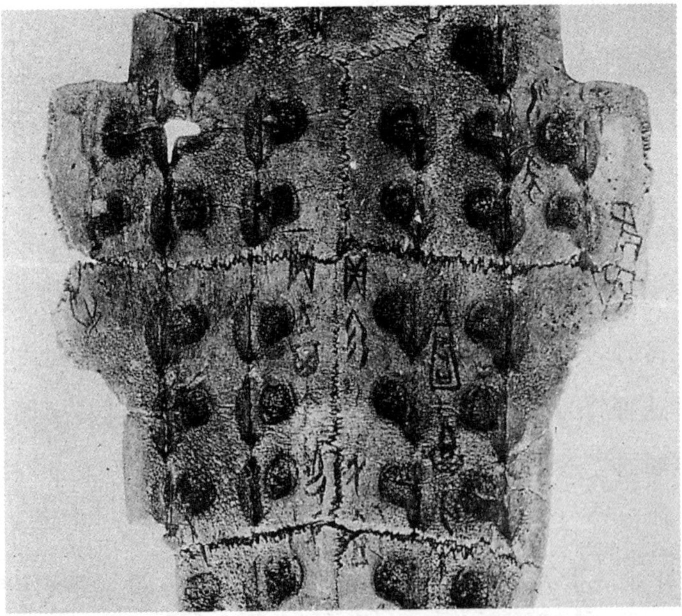

◎ 三千年前的书法：甲骨背上也发现用毛笔写上的文字。

二百七十三年的历史，书契有肥、有瘦、有方、有圆；有的劲峭刚健，有顽廉懦立的精神；有的婀娜多姿，有潇洒飘逸的感觉，以殷代中兴名王武丁时代为例，那时候的史臣们书殷代王朝，爱好艺术的空气非常浓厚。从十年考古发掘所得的陶、骨、蚌、石、牙、角，各种器物中绘画雕刻，充分可以看出，铜器雕刻尤为精巧。在这种情形之下，史臣们也把爱美的兴趣，移转到甲骨文上，所以此时的甲骨卜辞，在书写契刻后，于字划之中，填上朱墨，使鲜美光滑的牛骨龟甲上，又加上鲜艳的红黑色彩装饰。三千年后的今天，出土时候，朱墨相映，色泽犹新，直使考古学家在田野间就把玩摩挲，爱不释手。

甲骨卜辞文法古奥，摹写原文每每不易了解，因此很早就有人把已认识的字集为楹联。在公元一九二一年，罗振玉(号雪堂)有《集殷墟文字楹帖》之作。以后有丁辅之(鹤庐)作《商卜文集联附诗》，简琴斋著《甲骨集古诗联》。

一九四九年，老前辈汪怡(一庵)先生，在台北又做了一本《集契集》，其中除了集甲骨文字为诗联，又填了许多词曲小令，共有三百八十六则。这是一种创格，所以近年我也常常写它。

我因为研究甲骨学已三十余年，起初是喜欢用玻璃纸摹写借来的拓本，摹写日久，写出来能够得其形似，因此朋友们要我写字，我也乐得借他人的纸，自己练习。不过应该声明一

◎ 董作宾先生的甲骨文书法楹联。

点，书法是美术品之一，不能够用学术立场加以限制。现在甲骨可识的字，虽有一千五百字，可是不绝对可靠的还不少。

即使可靠，古今用法不同，有些字须借用“初文”，有些字又须利用“假借”，有些字须只从“一家之言”。譬如“禮（礼）”字只用豐（丰）的一半。“物”字，现在知道它是黎。“塵（尘）”字，早已知道它是牡。“海”字仅从叶玉森之说。若严格地加以指摘，便使书家们不敢下笔了。

肆 从字形演变看历史：关于字的两则小故事

如何让甲骨文通俗化，让更多人了解，一直是董作宾先生努力的方向。他在抗战时期就试着用故事演义式的文章来介绍古文字，虽未曾发表，却随时让年轻学子阅读，以下两篇就是那时候所写的手稿。

◎帝王可以没有头吗？——“王”字的演化

在前清时代，有这样一个故事。

某年，某省举行乡试，各县的秀才，都纷纷进省赶考。到了八月初八秋闱入场，主考官出了第一个题目，按号发下，大家各自坐在号桌，摇头晃脑大做八股文章。这一次的题目，是“维民所止”。

题目本来是正大光明的，是《大学》里面引《诗经·玄鸟》的句子，原文是“邦畿千里，维民所止”，大意是说：“许多的老百姓，都安居乐业，各得其所，住在皇帝的邦畿之内。”哪知道这位主考官，就因为出了这个题目断送了一条性命。

这时的皇帝，是康熙的第四子胤禛，年号雍正。生性异常残忍。恰巧那主考有一个仇人官居御史，于是就借题发挥，参了他一本说："启奏我主，现有某省主考官某人大逆不道，在乡试中竟敢公然出题，蓄意谋反。"

雍正听了大吃一惊，忙问："究竟出何题目？是何意思？快快奏来。"

御史接着说道："他出的题目是'维民所止'。这题目首尾两字，很像当今我主的年号，却又不完全，用意极坏，臣不敢往下再讲，我主明察，一想便知。"

雍正沉吟了片刻，勃然大怒道："哦！原来暗含'雍''正'二字，却又都是无头，竟敢骂俺雍正是没有头的，真是大胆。皇帝是可以没有头的吗？好，我先叫你自己没有头！"于是一道圣旨下去杀掉了这位主考官。

"帝王是可以没有头的吗？"在三千多年以前，一位殷朝的圣君，也曾经这样想过。

再早，我们是不能确切知道的，且从殷代说起。殷代，自盘庚迁都以后，到了祖庚时代，三世、五王，都有文献可考。那时代表帝王的"王"字都是这样写作。

真正像我的朋友徐中舒先生所解释：像一个人端拱而坐，南面称王的样子。据徐先生的解说，"王"字同"皇"字是一样的写法，不过皇字是戴了冕的王，微有不同。古来以正面端坐，代表这些贵族阶级。

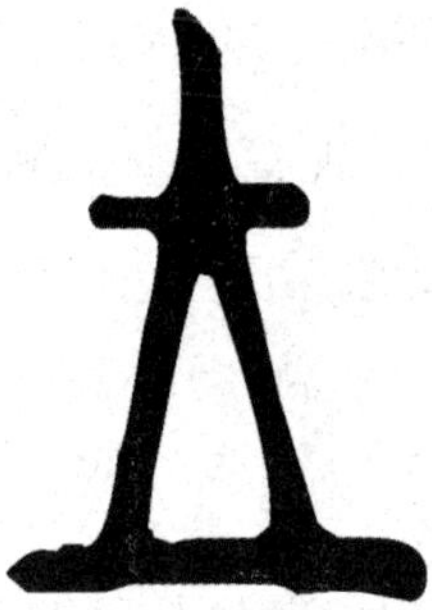

这个人，正是端拱而坐的贵族阶级，也可以说是王字的原始形象。从这个解说发表之后，我们才知道“王”“皇”“士”都是象形文字。

殷代的帝王，祖甲要算得一个英明的圣君。他是商王武丁的幼子，祖庚的兄弟，当他登基的那一天，就首先召集史臣们，开了一次御前会议。在会议日程中，自然有许多改革前朝礼制的要案，但是议案的第一件，却是他所交议的改良“王”字的书写法案。

他先以口头说明：“我有一件心上不快之事，今天要和大家共同讨论一下。在数年以前，我就嫌史官们写王字太不雅观，曾向先王建议，王字不应该写成‘’的样子。应该再加一画，以表高高在上，一国元首之意。岂奈先王因为约定俗成的关系，不肯骤改。大家试想，代表帝王的字，焉有不写脑袋之理，难道说皇上是可以没有头的吗？自今以往，写王字要写作‘王’形，以示我革新庶政，先从自身做起之意。大家以为如何？”

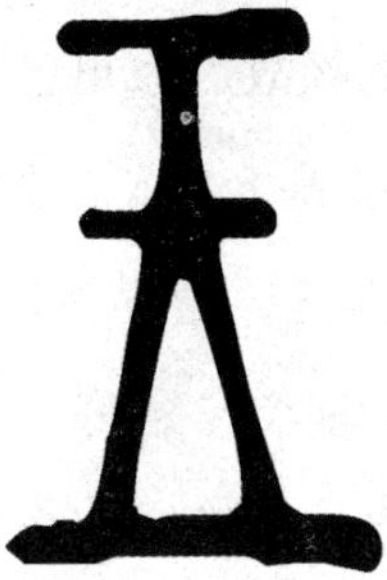

众位史官，连称遵命，并且赞美帝王的见解极是。这第一案自然是众无异议，全体一致通过了。所以，从祖甲的元年起，以至于廪辛、康丁两世，都是写王字作“王”的。

在后来武乙和文丁的时代，写王字分为两派，甲派复古的，仍写武丁式没头的王字“王”；乙派是维新的，却写祖甲式有头的王字“王”。虽然两派曾经过多次辩论，结果是相持不下，各行其是。武乙和文丁这两位皇帝，却是马马虎虎，不甚注意这件事情，后来帝乙同帝辛父子两个相继即位，他们是极端崇拜祖甲的，自然都很认真地主张用有头的王字。不过写得更简单些。消瘦了肚子，作为“王”或王形罢了。

这是从甲骨文字中可以确证的一件史实。王字的因革，包含着一桩有趣的故事，所以在这里特别演述出来。

◎被抛弃的婴孩——“弃”字的由来

在遥远的古代，有一种抛弃婴孩的风俗，也许是因为人口太多，生活不容易维持的缘故。家里已有几个孩子了，又不懂得怎样去节育，男人已是养不起了，妇人仍然一年一个地生，于是就把刚出生的婴孩弄死，抛弃在荒野里。那时候的圣人，曾把这件惨事写出来，造成文字，即为“弃”。

你瞧这有多么的凄惨，孩子刚刚离了母体，呱地哭了第一声，狠心的爸爸，就手执木棍，把孩子活活打死。打死之后，把孩子放在盛垃圾的畚箕里抛弃出去。妈妈一阵疼痛过后，苏醒转来，看不见刚刚生下来的小宝宝了，怎能不号啕大哭。这是多么不人道的惨事啊！

我们现在从三千几百年前的文字中，还可以看见这荒远的古代遗留下来的弃儿风俗。上边的女子，刚刚分娩，小孩子是

出世了，这一边，拿着木棍的一只手，(省去人形，只画一只手，是表示一个手的动作。)正是那残忍的人，就这么一棍下去，已把一个小小的生命给结束了。

这里处置孩子的办法，就是干脆的“弃之”，所以“弃”字就是活绘出那些残忍的办法。

下面是他(那个残忍的人)两只手(省去人形)捧着一个木条编成的畚箕，上面即是一个可怜的孩子。你看这孩子是才出母胎，身上还带着衣胞里的血浆。

古代的畚箕是用木条编成的，完全同我们现在一样，是拿去盛垃圾粪土的，不信你看“粪”字，粪字本是扫除秽物的意思，所以它的写法就是扫除垃圾。左手持帚，右手持箕(省去人形)，还有垃圾在里面。

拿盛垃圾的东西来盛孩子，简直把人看得粪土不如了。

不过，抛弃孩子有时候也不一定要打死。大约在四千年以前，有过一个抛弃活孩子的故事。这故事中被抛弃的孩子，后来成了历史上鼎鼎大名的人物，他的后人竟做了皇帝。故事是这样：

在陕西中部，一个春天的早晨，桃含新蕊，柳吐嫩芽，莽莽原野，绿草如茵。有一位姜原夫人，趁着这良辰美景，不免要去郊外一游。这时正当春雨初过，地面上有些潮湿，姜原忽然低头发现了一行足迹，由足迹的尺寸，可以想象走过去的是一个昂藏七尺的丈夫。她想象着，被引出了兴趣，呆呆地立了一会儿，不自主地就踏着这一行足迹，一步一步走去，走了几步，身上觉得有种异样的颤动。于是慵懒地回家了。

从此，姜原怀了孕，十月期满，正是这年的冬天，她居然顺顺当当生下了一个男孩子。姜原因为是那次游春以后怀的孕，每想到踏着巨人足迹的感觉，就不禁深深地打一个寒战。在怀孕期间，她早已下了决心，不愿意养活这个将来生下的不祥之物，所以生了孩子之后，马上就叫人拿畚箕抬了出去，抛弃在附近的小巷子里。

哪知道第二天一早，就听到邻居们在谈论："姜原家那个孩子真是命大，丢在那狭窄的小巷子里，昨晚上经过了多少牛羊，都没有把他踏死！"

姜原听了，暗地里又叫人把孩子移走，送入森林深处，打算给豺狗吃了他，免得再被邻人看见。事有凑巧，孩子刚放到树林里，就有一群工人去伐树，冬天本来正是入山伐树的时候。工人们看见这小孩，抱了起来，打听是姜原所生，便给送回去了。

姜原仍然是咬着牙、忍着心，把孩子弃了出去。这是第三次了。这次可真毒辣，她竟自己把孩子丢在河渠里的冰块上。她抛弃了孩子之后，冒着寒风，无精打采地归去，想到这孩子将要怎样地受冻以至于直僵僵地死去，她一边走着，一边掉泪，到家倒在床上，索性呜呜咽咽地哭将起来了。

一个初生的婴孩一身细皮嫩肉的，哪里能当得起这样冰冻的天气和凛冽的北风。幸而有一大群乌鸦，落在这块冰上，把孩子的上下左右，保护得十分严密。乌鸦的暖气，衬着孩子的体温，大家互相偎依着，却又安安稳稳地度了一夜。

天快要明了，东方现出鱼肚白的颜色。残月当空，几颗星星还闪烁着微弱的光芒，这时河畔已有了行人。一群乌鸦，被人声惊醒，扑剌剌四散飞去，各自觅取它们在茅屋檐头储着的早餐。孩子感觉寒冷了，哇的一声哭了出来，行人随着哭声找去，又把孩子抱起，打听到他的母亲后，又交还给姜原夫人。

姜原这一次真是又惊又喜，又恨又爱，觉得这孩子必定有些来历，才一心一意地收养了他。因为曾经三次抛弃，所以就给他起一个名儿叫作“弃”。

弃从小就喜欢种植，后来做了帝王的后稷之官，教民稼穑，有大功于世，我们也称他为后稷。他的孙子姬发做了帝王，也就是杀死帝辛，夺了殷家江山的周武王。

看了这个故事就可以知道，抛弃婴孩的风俗从造字的时候开始，一直到了后稷的时代(距现在有三千年左右)还在流行着，至今仍然无法禁绝。

第二章

发掘：重新发现甲骨文

轰动世界的四大发现之一：甲骨文

二十世纪中国有轰动世界的四大发现，分别是殷墟安阳甲骨文、居延汉简、敦煌莫高窟藏经以及内阁大库档案。

这四大发现都是中国不同时代的记录，甲骨文是商代的文字记录，距今已三千六百余年，出土数量在十五万片以上，内容多为商代王室贞问占卜的记录，说明商代神权政治的特色。

居延汉简则是瑞典人斯文·赫定率领考察团在居延地区发现的汉代竹简，出土共两万余枚，简文生动地记录西汉中晚期至东汉初期当地军民活动的状况，具有高度的史料价值，同时也是珍贵的书法墨迹。

敦煌莫高窟藏经则在公元一九〇〇年敦煌城东南鸣沙山的藏经洞内被发现，该洞藏有公元四到十四世纪的经卷文献材料五万多件，世称“敦煌遗书”，更于世界上形成一门专门研究敦煌文献的“敦煌学”。

至于内阁大库档案则是清朝中央最重要的政务文件，内容多半为制诰典册，是中国历史上最大、保存最完整的档案。

而甲骨文不论是就年代的久远或是发现意义的重大性，都可说是四大发现之首，现在就让我们从考古队的发现，重新回到历史现场，看看甲骨文究竟如何重现在世人眼前。

壹 从中药材到国宝：甲骨文的传奇现身

光绪二十九年，沉寂多时的甲骨文突然奇迹似的重现在世人面前。埋藏在地底三千多年的秘密竟然在一夕之间被揭开，到底怎样的因缘际会加上当事人的慧眼独具，才展开了这一段漫长甲骨文的发现之旅呢？

◎龙骨上的线索

话说公元一八九九年（清光绪廿五年）某个秋高气爽的午后，北京国子监祭酒（相当于今日的“国立大学”校长，而且当时全国只有这一位）王懿荣不幸罹患了疟疾，疟疾在当时是一种致命的急病，因此他的家人十分着急，立刻延请大夫前来诊治。不久之后，大夫便赶到了王家，替王懿荣把了脉、看了病情，笑笑地说道：“这没什么大碍，我开张处方，按时吃药便可痊愈。”于是大夫执起毛笔，开了几味中药，要王家人按照这个处方到中药行抓药。

在这张大夫开的处方笺上面，有一味中药叫作“龙骨”，是将乌龟的甲壳磨成粉末后，拿来当药品食用，主要是用来治疗创伤。王懿荣看了药单后，没有多想，派人从北京菜市场的达仁堂抓回了这味叫“龙骨”的中药。等到仆人将药材买回来之后，他接过药包，亲自打开来检查(也有一说是他的好友刘鹗帮忙检查)，不看则已，看了才发现事有蹊跷，只见药包内的龙骨上有着奇怪的痕迹，不像是图画，也不像龙骨本身的纹路，倒像是有人在上面契刻的一种文字！

由于王懿荣本身对于古代事物十分感兴趣，也是有名的金石学家，对于古文字自然相当熟悉，因此当他一看到龙骨上的痕迹，便知道这绝对不是单纯的龟甲纹路，恐怕是一种古代的文字，而且是一种相当古老的文字，远远早于自己所研究的金石文字。单凭这股直觉，王懿荣开始在北京的各大药坊，收购大量的有字龙骨，并且到处散播消息，只要药店存有这种有字龙骨，他便会用尽方法买下，就这样，王懿荣在短短时间内便搜集了一千五百片甲骨。

除了搜集之外，王懿荣还借着他深厚的古文字学功力，试图解开那些文字的由来。经过研究最后终于确定龙骨上面的文字，就是商代人用来占卜的文字，也就是所谓的甲骨文。

从此以后，原本作为药材的有字龙骨，摇身一变成为炙手可热的古董商品。许多古董收藏家听到了这个消息，纷纷争相抢购，到了后来，甚至是按甲骨字数多寡计价，据当时市价一个甲骨文字要五块银元(相当于一般民众一个月的薪资)，与作为中药材时的情况完全不同，身价大大地水涨船高。正因如此，甲骨文的存在终于被世人看见，而王懿荣因为是第一位发现和收藏殷墟甲骨文的人，所以被誉为“甲骨文之父”。

贰　寻根：发现甲骨文的故乡

甲骨文被王懿荣发现之后，旋即成为热门的古董商品，身价也因此水涨船高。而古董商们为了牟取暴利，一度不愿意透露甲骨真正出土的地点，甚至还谎报甲骨是出土于河南汤阴。后来经过学者的明察暗访，终于确定甲骨出土于河南安阳小屯村，也就是今天所知道的“殷墟”。

◎洹上访古

甲骨文的故乡究竟是怎样被发现的呢？得先从罗振玉说起，他在甲骨学上拥有卓越的贡献，也被称为甲骨四堂之一。

最初罗振玉是在刘鹗那里，看到刻了符号的甲骨，他当时不仅“一见诧为奇宝，怂恿刘君亟拓墨”，促成了刘鹗的甲骨文著作《铁云藏龟》一书的面世。

同时，他也开始认真地向北京古董商购买甲骨，然而古董商一次十片、二十片的贩卖数量，实在无法满足罗振玉的搜集热忱，当他听说甲骨是在河南一个名叫小屯的村落出土，就一

◎ 从甲骨上的符号开始的寻根之旅。

直梦想着有一天自己能亲自前往那里。

可惜他在北京还有职务，无法放下一切前往河南，罗振玉每次想到这里，就感到遗憾万分。公元一九一一年，罗振玉的弟弟罗振常来到北京，他听说了哥哥的梦想后不禁怦然心动，决定代替兄长完成他的访古之梦。

两天后，罗振常与范恒轩两人出发前往小屯。没想到出发当天就碰上大风雪，罗振常与范恒轩只好先暂住在旅店里，一边看着村民拿来贩卖的甲骨，一边打听出甲骨的地点。村民告诉罗振常，这些甲骨都是整地时挖到的，但时有时无，若挖对地方就会出个两三片，若挖错地方，即使挖了三丈五丈也没个着落。罗振常借此判断甲骨肯定是有意埋藏的，而不是无心的散布，因此只要找对地方，将会出现前所未见的大批甲骨。

就这样，罗振常在小屯附近勘查了两个多月。这段时间，他不仅调查了小屯附近的地理形势，同时还到处收购古董，除了甲骨之外，他还搜集了许多化石、石刀、骨镞等等，并且把这两个月来发生的种种事情记录下来，日后出版了《洹上访古游记》，这就是最早探勘殷墟的记录。

◎发掘殷墟

到了公元一九一四年，瑞典人安特生受到中国政府的聘请，来到北京讲学，并在一九二六年带领考古队发现北京人遗址，在此期间，现代田野考古学正式地被引进中国学术界。

终于在一九二八年三月，中央研究院历史语言研究所正式成立，政府开始考虑殷墟挖掘的工作，当时的主要目标就锁定在甲骨。然而从罗振常访古至政府准备挖掘，中间又经过了十多年，古董商虽然依旧在贩卖甲骨，但大多都是小片，而且具体的出土地点也还是不明朗，因此许多人都认为甲骨已被挖掘殆尽了，不会再有出土的希望。

为了此事，中央研究院历史语言研究所决定先派遣董作宾前往勘查。董先生到了小屯村之后，开始到处向村民询问，还访问了地方人士、古董店等等，加上自己实地的勘查，得知在小屯村北的沙丘上还有新挖掘的坑，而且春天时分明还

甲骨文現場

职业作伪高手——蓝葆光

一九二八年董作宾第一次到安阳探查时，蓝葆光曾拿一片仿刻甲骨前来请他指教，此人被董作宾称为“真正的天才”，只可惜染上了抽大烟的恶习，而有了伪造牟利的行为。他给董作宾看的甲骨是用真正的无字甲刻出来的，乍看之下很像真品，然而董作宾从刻辞位置还有左右文例看出破绽，这种手艺也只能蒙混不懂甲骨文的人而已。但当下他并未多说什么，又随手掏给蓝葆光几块银元，以免让蓝葆光做出更好的伪刻甲骨。

有人在挖掘，至今都还能从妇人小孩手上买到新出的甲骨文字。种种迹象显示，甲骨文并没有被挖完，于是董作宾结束勘查，回到开封，马上着手写了一份调查报告，并且附上试掘的计划，说明甲骨文的故乡就是在小屯村北中心地带。

经过了十多年的努力，学者们终于搞清楚甲骨文的故乡在何处，加上 YH127 坑的发现，不仅证明了当年罗振常的推测没有错误，更揭开了小屯村的神秘面纱，原来它正是传说中消失的殷商王都。

◎传说中的商王都

据说殷商王朝灭亡之后，王都就被废弃了，随着时间变迁，逐渐被淹没于地下，所以史书上称这个消失的王都为殷墟。

从目前的考古成果可以知道，殷墟的具体范围是：东起安阳市西北的郭家湾以东地带（洹上村），南边由苗圃北地经花园庄、小屯村，由小屯村向西北到四盘磨洹河至武官村、侯家庄一带；另一线则由小屯村东北地跨过洹河经大司空村、小司空村至三家村一带。整个殷墟的长度大约在四公里以上。

而这几年考古人员又在苗圃北地以南的刘家庄、戚家庄以及徐家桥、东八里庄等村发现了殷代墓葬，可见整个殷墟的范围大约有三十平方公里，至于殷墟宫殿的遗址占地也非常广大，面积大约有七十万平方米，可以想见商王朝当年有多么强盛！

自一九二八年开始，中国考古学家就长期在此地进行发掘，先后多达二十余次，揭露出来的面积已经超过三万平方米，而目前考古学家们也在宫殿宗庙区发现了大型的夯（hāng）土建筑，这些夯土建筑的形制广大、气势恢宏、布局严整，并以小屯村为中心向四周扩散，同时还发现了王室成员墓葬、车马坑、铸铜作坊遗址、磨制玉石场所等等，并且出土了大量的商代遗物，绝对称得上是中国二十世纪以来最伟大的考古发现之一。殷墟不仅仅是甲骨文的故乡，更是中国近代考古学的发源地。在中央研究院历史语言研究所的前辈们带领之下，培养出不少中国新一代的考古研究者，而关于殷墟的考古研究也依然传递着，这些影响都是相当深远的。因此殷墟可说是中国考古学的发祥地，而甲骨文正是扮演了带领中国发展出现代考古学的一个重要角色。

殷墟考古区域说明
殷墟王陵遗址
三家村
洹
河
京广线
侯家庄
武官村
小司空村
小屯村
大司空村
妇好墓
殷墟博物馆
花园庄
宗庙宫殿区范围
洹
河
李安线

古代殷商地图

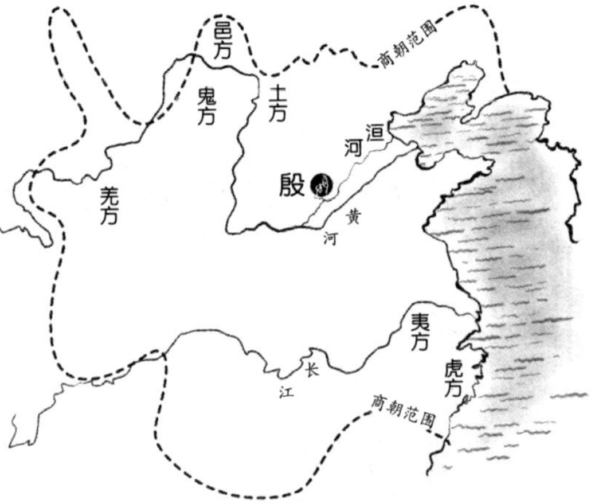

甲骨文現場

小屯村的甲骨经济

在进行科学挖掘以前，小屯村的盗掘风气很盛，村民冬天没有农活时就挖甲骨卖钱，或者常常挖地种山药、番薯时却挖到一堆甲骨，哄抬价钱卖给古董商。村民常因挖甲骨而产生纷争惊动官府，在中央研究院历史语言研究所考古队成立之后，也曾一度引发河南省民众的不满，他们反对史语所的殷墟考古，并张贴标语写着“打倒摧残人民生计的董（作宾）梁（思永）”，可以想见从私人盗掘到科学考古这段过程承受了多大的反对浪潮。

叁 殷墟考古：一到十五次的发掘历程

从董作宾先生挖下了殷墟考古的第一铲土，得到了丰富的收获后，当时的中央研究院历史语言研究所所长傅斯年便广招英才，扩大考古规模。后来在河南安阳总共进行了十五次的发掘，每次都是由不同学者来主持。董作宾先生主持了第一次的发掘工作，并参与了后来的多次发掘，接下来的第二、三次由李济先生主持，第四次则是梁思永与郭宝钧两位先生分头进行，石璋如先生则从第五次发掘开始接手，主持到第十五次的发掘。

这十五次发掘所得的甲骨全部收录在《殷墟文字甲编》《殷墟文字乙编》以及《殷墟文字乙编补遗》三本著录之中，以下就简单介绍这十五次发掘的状况。

◎收获丰富的第一次挖掘

时间：一九二八年十月十三日—十月三十日。

地点：小屯村中和村北地。

董作宾先生在同年八月先到村子里考察，询问了不少村民之后，推断出可能埋藏甲骨的地方。不到两个月后，考古队就带着大批人马来到发掘地，然后分别在村子东北处、村子北端以及村子中央寻找传说中的甲骨。

第一天考古队在村子里挖开了四个大坑，然而除了黄沙土之外什么也没有。刚开工就碰壁的考古队没有气馁，第二天董先生观察了村民的挖掘方式，决定改变计划，采取大规模发掘，一共开挖了四十坑，这个方法果然让考古队马上就有收获，这四十个大坑里总共出了有字龟甲五百五十五片，有字牛骨两百九十九片。

其实，参与第一次发掘的工作人员包括董作宾在内，并没有实际的考古经验，甚至未曾经历专业培训，全凭着一股热忱和信念进行考古工作，当时全部的工作经费仅有五百元，所以他们只能在无塑料雨篷可遮阳的田野中工作，饮食常是风吹沙拌小米粥。

然而在如此艰难环境下，却获得了非常振奋人心的成果，这也印证了董先生的推测没有错误，安阳小屯村地下的确藏有殷代遗留下来的宝藏——甲骨文，而这批首次经由科学发掘而问世的甲骨，更经过董作宾先生的亲手摹写，并且收录在《新获卜辞写本》之中。

◎ 上图：工作开始前的人员留影。
◎ 下图：发掘工作进行中的简陋午餐。

◎运气不佳的第二次发掘

有了第一次发掘的成功，考古队决定继续沿用董先生的大规模发掘法。

于是一九二九年三月七日起，在小屯村中、村南、村北三处的第二次发掘也是按照同样的方法，一共开坑四十三个，没想到这次运气不怎么好，只获得有字龟甲五十五片和有字牛骨六百八十五片。

◎ 小屯村的考古发掘工作。

◎划时代的发现：大龟四版

虽然考古队第二次发掘没有获得很好的成果，但他们还是不放弃，决定长期抗战，将第三次发掘分成两个阶段：第一阶段是一九二九年十月七日至二十一日；第二阶段是十一月十五日至十二月十二日。

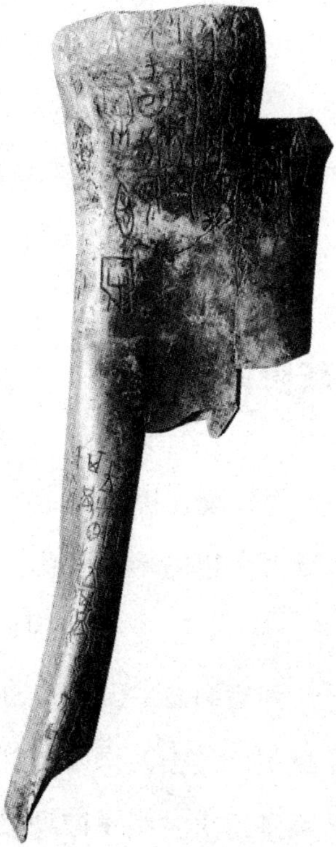

◎ 第二次发掘的骨版。

这次他们准备在小屯村北高地和村西北的霸台开挖一百一十八坑。这次的大举挖掘，果然让考古队又得到不同以往的斩获，光是有字龟甲就有两千多片，牛骨九百多片。考古队兴奋地整理这次的发掘成果，发现里头有上下相叠在一起的四版、比较完整的有字龟腹甲，还有刻着卜辞的牛头骨以及鹿头骨各一个。

董作宾先生得到这四版龟甲之后相当开心，立刻进行精心的研究，并且在《安阳发掘报告》发表了《大龟四版考释》。董先生在这四版龟甲中，发现了商代有种负责占卜的特殊职业，他称这些人为“贞人”，后来所有甲骨的分类与断代都与“贞人”离不开关系，所以这四版龟甲可说是相当重要的发现。

◎殷墟考古的崭新阶段

如果说，大龟四版的发现让甲骨学走入崭新阶段，那么第四次发掘则让整个殷墟考古迈向不同时代。这次的发掘加入了不少年轻的考古学者，从一九三一年三月二十一日起至五月十二日止，在小屯村北和后岗总共开坑一百七十五个。这次考古队获得的成果非常特别，过去几次发掘都是商王武丁时代的甲骨，然而这次大多都是祖庚、祖甲时期的甲骨，不仅年代比

◎ 第三次发掘的大龟四版。

较晚，就连卜辞的写法也有不同特色，正适合让学者进行比较研究。

◎黯淡凄惨的时期

若要比起考古队前四次的发掘，接下来五、六、七、八次实在可说乏善可陈。不仅没有什么重要的收获，就连考古队的人数也愈来愈少，甚至在第七次发掘结束之后暂停了好一段时间。就在考古队好不容易重整旗鼓，决定展开第八次挖掘时，河南境内却爆发了军阀间的战乱，而考古队原本居住的袁家花园养寿堂，这时竟然遭到军队占领，殷墟考古可说是走到了一个绝望的瓶颈！

甲骨文現場

大龟七版的发现

尽管五、六、七、八次的发现不丰，但石璋如却在第七次收工时偶然发现了大龟七版的踪影，考古组摸黑将大龟七版发掘出来，并且进行精细的剔刷。大龟七版的出现，说明洹河北岸也有甲骨，而考古组依循这个线索又发掘了西北冈商王的陵墓群。

幸好这些考古人员并未放弃，所以到了一九三三年十月二十日终于顺利展开第八次挖掘，直到十二月二十五日为止，考古队在小屯村北总共开坑一百三十六个，获得有字甲骨两百余片。

◎暗夜中的流星

虽然前几次的考古环境如此艰困，但这些考古人员仍是努力不懈地追寻着商代遗迹，也许是这份真诚感动了上天，战火没有继续侵袭小屯村，第九次发掘顺利在一九三四年三月九日展开。这次考古队分别在小屯村北和后岗开挖，但是因为人手不足，只能开坑二十八个，虽然获得四百多片甲骨，不过都很残破，也没有重要的收获。

到了三月二十九日有位村民突然出现，声称侯家庄发现了甲骨，听到这个消息的考古队十分振奋，于四月二日到五月三十一日将考古地点改在村庄南地。这次共开坑一百二十个，获得有字甲骨八片，虽然数量很少，但光是完整的龟腹甲就有六版，背甲也有一版，而且还是廪辛、康丁时期的遗物，价值远远超过之前发现的四百多片破碎甲骨。

◎ 第九次采获的大龟七版之一的甲骨文拓本。

◎ 西北冈王陵的重要发现——铜面具，面容写实，上有挂环，显示当时的工艺水平。

◎再度沉寂的甲骨发掘

考古是个既甜蜜又辛苦的工作，每次的发掘都是一个希望，然而有时却又带来幻灭，而在不经意的某天，或许又会出现意想不到的惊喜。也许是上天想对考古队进行考验，又或许是所谓暴风雨前的宁静，第十次到第十二次的发掘，考古队的重点集中到西北冈地区上的1001号大墓发掘上，虽然发现了十一座王陵，却没再发现有字甲骨，仿佛原本追寻着商代文字的足迹又再度消失。

◎惊天动地的大发现

一九三六年三月十八日，考古队在小屯村北展开了第十三次发掘，总共开了四十七坑，其中一坑就是轰动国内外的YH127坑。

根据参与考古过程的石璋如先生回忆："直到下午四点，我们才在坑东北壁出土了一片字甲，谁知下面越挖越多，天黑时竟出土了七百六十片。"而这一挖果真让他们挖到了堆满甲骨的窖穴。这个窖穴储放的龟甲有一万多片，其中完整的龟甲有三百多版，加上其他坑所出甲骨，总共有一万七千多片，这是殷墟甲骨文最大的一次发现。

◎关于十五次前后发掘

殷墟考古队在发现了YH127坑之后，又进行了两次发掘，总共获得六百多片甲骨，而且内容都很特殊，相当具有研究价值，可说是收获丰富。一直到公元一九三七年抗日战争爆发，考古人员被迫撤离才暂停这段考古历程。

这十五次的发掘是中国考古史上重要的一节，董作宾先生曾说："甲骨文字在殷墟地下的情形，大概有这四种：存储、埋藏、散佚和废弃。"

"存储"就是有意的保留。商代的君王到外地活动时，也会请贞人在当地进行占卜，而这些甲骨最后却出现在殷商都城，想必是当时刻意一起带回来的，这就是商人有意识地想要保存这些甲骨。

"埋藏"是指占卜的龟版用完之后随意埋藏在地底下，不是集中埋在一起的，但是这些甲骨为什么会被埋起来，学者们仍然不得而知。

"散佚"是指偶然的散失遗落，不是有意的抛弃。因为当时使用的甲骨实在太多了，在搬运移动的过程中会遗失，就像学者曾发现一片有字甲骨掺杂在牛骨、鱼骨、象骨之中，而且这些甲骨多半都是碎片，一不小心就会遗落。

"废弃"则是商人对甲骨的一种废物利用，商代贞人在教授弟子契刻甲骨文时，会拿一些不要的甲骨片给学生练习，让学生们模仿，这种情形学者们又称它为"习刻"。这些知识正是借由十五次发掘的经验习得的，它不仅仅是考古史上关键的一页，更是推进甲骨学的重要基础。

◎ YH127坑的发现——①、②：出土的人骨片之一。
③：商贞人以毛笔朱砂写后朱刻的贞卜文辞，卜问天气如何。
④：改制的“背甲”卜问下雨及收成，其上圆洞为穿册所用。

肆　室内考古的里程碑：YH127坑

一九三六年的春天，中央研究院历史语言研究所在殷墟举行了第十三次挖掘，迎来史上最惊天动地的大发现。当年郭宝钧先生以主持人的身份，带着石璋如先生、王湘先生、高去寻先生、李济先生和董作宾先生等人，在小屯村北开了五十二个考古坑，轰轰烈烈地展开为期九十九天的发掘工作。

◎柳暗花明又一坑

YH127 坑的发掘是在六月十二日那天进行的，当时考古队已经挖了整整两天，却没有任何收获，加上前几次开挖的成果也都不好，考古队人员渐渐感到心灰意冷。即使如此，郭先生还是决定第二天仍然继续挖 YH127 坑，并跟大家说好，这天挖完若是再无收获，就回填泥土放弃了吧！

就这样，工作人员又坚持了一天，只是到了傍晚仍然毫无进展，就在大伙儿准备收工之际，突然发现了坑中的甲骨片，果然皇天不负苦心人，考古队的判断没有错误，YH127 坑果真是出甲骨的。

于是工人们纷纷回到坑里继续清理，到了晚上六点要收工时，竟然已经起出几千片的甲骨！这是个前所未有的大发现，加上不寻常的甲骨出土进度，让考古队感到YH127坑一定藏有数量非常庞大的甲骨。但是如果按照平常的发掘方式，慢慢在野外剔剥洗刷，实在耗费时间又不安全，因此中央研究院历史语言研究所众学者们开始思考该怎么办，经过一番讨论，他们决定展开有史以来最特别的一次考古活动。

◎举世无双的甲骨柱

几天后，所方特地请了三十位长工将YH127坑挖大，想把甲骨灰土堆变成一根大大的灰土柱，然后再一举将灰土柱起出。考古队先探测出甲骨坑的底部约一点七米深，接着再改成缓慢探测，但是因为甲骨坑本身是倾斜的，所以坑底的深度并不一致，因此所方决定先挖深一点，保留空间以免伤到甲骨。

接着所方立刻派人到城内请木匠制作一个两米宽、一点二米高的大木箱，这样就可以一次将富含甲骨的灰土柱全部装入箱子了。

木匠完工以后，就是最艰难的装箱工作了。工作人员先把箱子移到正确的方位上，仔细检查后再慢慢将箱子套下去，由于担心套箱子的过程会破坏灰土柱，所以考古队事先在灰土柱外面包上了油布。

套箱工作的程序相当复杂，得先把箱子套进去，然后钉上底盖、加上铁条、撤除支撑的砖块，再将灰土柱平稳摆放，同时还要谨慎避免灰土的层位错乱，每个步骤都不能出现任何差错。尽管如此困难，考古队的众人还是凭靠着一股意志，最终顺利地完成了套箱工作。

◎土法炼钢的搬运工作

套箱完成之后，考古队接下来要面对最困难的搬运工作。箱子这么大，当时又没有起重机，该怎么把大木箱搬出来呢？

为了能顺利搬运箱子，史语所先请工人开辟一条马路，接

甲骨文現場

汪精卫误认甲骨柱

YH127 坑的甲骨灰土柱运往南京之后，引起了许多人的兴趣。不少达官贵人和政府要员都前往参观。有一次汪精卫亲临现场，看到甲骨灰土柱竟说："哇，好大一个龟啊！"汪看了半晌、听了介绍，临走时才恍然大悟："原来是好多龟啊！"在场学者哑然失笑，一时在南京传为笑谈。

着铺设小铁路，再派出大推车，看看能不能从坑里将箱子往上推。没想到箱子实在太重了，只是靠人力往上推根本无法前进，于是工作人员只好在箱子底下加垫木头，然后派另外一批人在上头用绳索绑住箱子，一边用力往上推，一边慢慢往上拉，想不到这个法子还真的管用，尽管耗费不少力气，但还是顺利将箱子运上来。几天之后，考古队又和铁路局交涉，希望能用火车将箱子运送到南京。铁路局虽然答应帮忙运送箱子，但是箱子实在太大，没有火车车厢能装得下它，因此所方只好再拿掉木头带子和铁条，最后才得以顺利将箱子运回南京历史语言研究所。

◎考古界的创举：耳目一新的室内考古

箱子抵达南京之后，消息马上传开，轰动了整个学术界，而董作宾、梁思永、胡厚宣三位先生早已迫不及待地想看甲骨。经过鉴定之后，他们都认为这批甲骨的内容非常丰富，具有高度的研究价值，不过他们并没有立刻进行清理工作，只是先去掉箱子。

没想到，箱子打开撤去后，才发现整个灰土柱是上下颠倒的。原来，在箱子搬到南京历史语言研究所办公室时，没有起重机将它从车上卸下，只好单纯依靠人力搬运，又因箱子太

▲出土

▲搬运

▲装箱

◎ 上／出土：挖出灰土柱。

◎ 右下／装箱：将灰土柱包上油布，套入木箱，之后钉上底盖，并加上铁条。

◎ 左下／搬运：底部加垫木头，绳索绑住箱子，一边用力往上推，一边慢慢往上拉。

重，所以搬运时压伤了一名工人，现场又是搬箱又是急救，一片混乱，等到搬进室内后才发现，箱子是颠倒的。但因为灰土柱实在太重，无法再将它翻转过来，因此YH127坑的室内发掘工作是从底部一层层揭向上部的。待箱子打开后，董作宾等人也没有立刻展开研究工作，而是先请河北的雕刻师傅刘作梅将其缩小成四分之一的比例，按照灰土柱的形状雕刻一个汉白玉模型，以纪念甲骨出土时的容貌。

在这战火燎原的南京历史语言研究所中，就由胡厚宣带领考古人员对着灰土柱一层层地揭，再一一为甲骨拍照，并用透明纸把龟版形状拓画出来，但还来不及针对图版与龟版进行编号，就因为日军入侵南京而急忙地装箱，经汉口、长沙等地，直到两年后才在大后方昆明开箱整理编号，但因为全数以纸箱分装，经水陆搬运，原来完整的三百多片甲骨多已粉碎，而且上下混杂。经高去寻和胡厚宣二位编号，由杨若芝拓印后，再由董作宾摹写。就这样，慢慢地揭开这埋藏了千年的秘密，而这整个过程就是后来人们所说的“室内田野发掘”或“室内考古”。

◎ YH127坑甲骨灰土柱缩小1/4的汉白玉模型。

甲骨文現場

YH127 坑的甲骨灰土柱模型之谜

南京沦陷前，史语所学者为了保住珍贵的YH127坑的灰土柱汉白玉模型，将它交给了位于汉中门的一家银行保管。日本军队快打进南京城的那几天，银行职员将模型深埋到了地下。然而一九四五年抗日战争胜利后，当史语所学者再回到南京找那家银行时，所在地早已是一片焦土，模型下落一度成谜。其后在兴建新楼挖地基时才被发现，此模型现存于中国国家博物馆。

◎如何解读甲骨文：从拓片到摹本

1. 在龙头村工作案上由胡厚宣先生（前侧影）、高去寻先生（后坐）为甲骨编号。

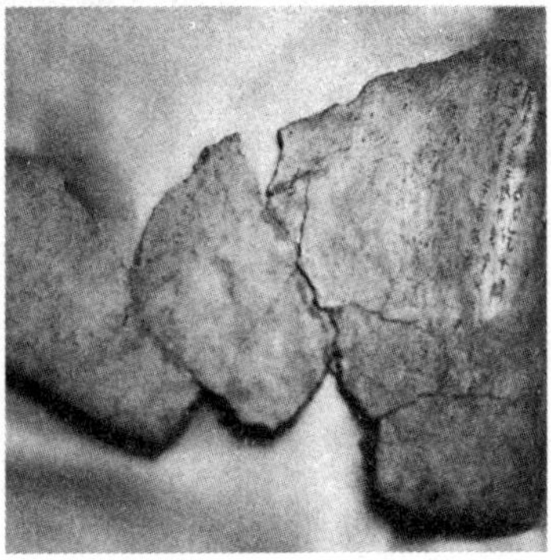

2. 甲骨整理编号：先检查手上的甲骨，需将破碎的甲骨缀合补齐。

3. 两位先生编号后的甲片，交杨若芝女士拓印。

4. 取得拓本：以纸墨覆盖甲骨取得完整的拓片。

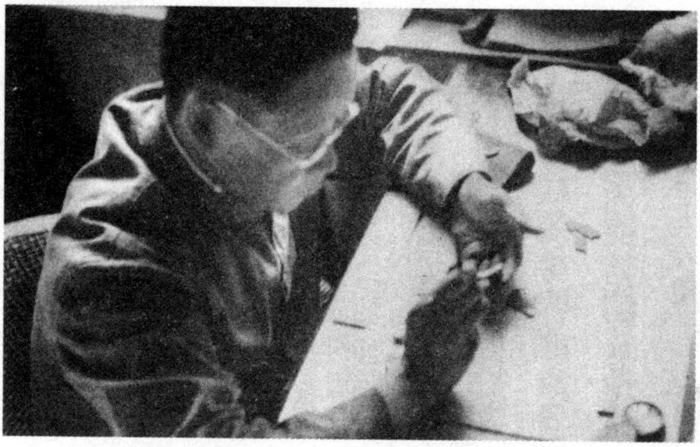

5. 拓片后，再交由董作宾先生摹写，即完成一片甲骨片的编号流程。

6. 摹本绘制：将描图纸覆盖于拓片上，并用代针笔描摹，一般会先将甲骨形状描绘出来，并加入所见卜兆、盾纹、千里路等。若是局部摹本绘制，只需绘制局部甲骨痕迹，及需要研究之部分甲骨文即可。

伍 甲骨学的诞生和建立

甲骨文被王懿荣发现之后，又由刘鹗拓印成书，逐渐受到世人的重视，然而甲骨又是如何从古董玩物变成一门专业的学问的呢？这就不得不从孙诒让说起了。

孙诒让是清末著名的经学家和古文字学家，字仲容，浙江瑞安人。一九〇三年他看到刘鹗出版的《铁云藏龟》之后，花了两个月的时间仔细阅读这本书，经过好几年的前后参照，终于读通甲骨文字，并且将读后心得写成《契文举例》，交给朋友抄写成几个副本赠送他人，后来这几个副本被罗振玉、王国维等人收购，开启了甲骨学的大门。

◎甲骨四堂，威震四方

谈到甲骨学的建立，其实真正把甲骨文引进学术领域的是著名的甲骨四堂，这四堂指的可不是厅堂而是指人，那么威震四方的甲骨四堂到底是哪些人？又为何被称为甲骨四堂呢？

事实上这是由唐兰推举出来的，因为四位学者的名号中都有堂字，而被学界称为四堂。

这甲骨四堂中的第一堂，首推罗振玉。

罗振玉，字叔蕴，号雪堂。在结识刘鹗后，见到了甲骨文的“拓本”，对甲骨文产生了极大的兴趣，于是他协助刘鹗出版《铁云藏龟》。自己也投入到研究甲骨文的行列，出版《殷墟贞卜文字考》以及《殷墟书契考释》两本著作，考释出许多甲骨文字，尤其是《殷墟书契考释》问世以来，对学术界的影响非常深远。除此之外，罗振玉自己也收藏了不少甲骨片，还将毕生所藏拓印编成《殷墟书契前编》《后编》，至今仍是研究甲骨不可缺少的参考书之一。

紧接着对甲骨学产生重要影响的是王国维。

甲骨文現場

废寝忘食的痴人孙诒让

据说孙诒让见到《铁云藏龟》一书后，当日便闭门谢客，足不出户，把自己关在小阁楼中，两个月不曾下楼。某日，下人听到孙大叫一声，上楼一看，只见孙也打开房门走了出来，满脸喜色地喊道：“我解通了！我解通了！”他不仅把甲骨文读通，而且考释出文字，因此完成了《契文举例》。

王国维，字静安，号观堂。年轻时的学术取向是以西方哲学为重点。一九一一年辛亥革命爆发，王国维追随罗振玉逃亡到日本，并在他的影响下，开始研究古文字声韵之学。王国维

◎ 牛肩胛骨刻辞，其序辞和占辞为：戊戌卜，宾贞：滋、吴、启赞王事。

对于甲骨学的贡献主要有两方面，首先是结合甲骨文与历史研究，其次是考释甲骨文字。其代表作是《殷卜辞中所见先公先王考》以及《续考》，他先拼合了两块破裂的甲骨，然后读出其中的内容，发现这是一版记载商代先公先王的卜辞，于是运用这个成果对照《史记》记载的商王世系，纠正了几千年来大家从未发现的《史记》的错误。有感于此，王国维进而提出了“以地下出土材料，印证纸上材料”的二重证据法，这个方法不仅让甲骨文研究成为一门严谨的学问，而且解除了当时弥漫学界的疑古风潮，轰动了国内外学术界的发展。王国维的贡献正是在奠定现代甲骨学的治学途径。

甲骨文現場

甲骨是骗人的？

甲骨文问世之后，中国仍有一批学者认为甲骨是伪造之物，像《河图》《洛书》附会于《周易》那样不可信。其中包括政治立场相反的康有为和章太炎。章太炎是中国近代史上重要的革命家和思想家，但他认为不管是牛骨还是龟骨，埋在土里千年，怎么可能不腐烂？因此在《国故论衡》中大肆批评了罗振玉等人，一直到他去世，都不曾改变立场。

甲骨四堂中，第三位重要学者当推董作宾。董作宾，字彦堂，河南安阳人，年少时家境贫困，求学困难。他是四堂之中唯一参与过殷墟考古的人。

一九二八年四月，中央研究院历史语言研究所成立，董作宾受聘为编辑员，主持小屯遗址的发掘工作。

◎ 中研院历史语言研究所的甲骨收藏。

一九三三年，发表《甲骨文断代研究例》，董作宾以其十年研究甲骨以及考古发掘经验撰成此文，将甲骨分为五个时期、十个标准，对甲骨学的研究方法有重大创获。

一九三五年，董作宾开始整理历史语言研究所第一到九次发掘所得甲骨，编辑成《殷墟文字甲编图版》。

一九四五年完成《殷历谱》，是第一本关于商代历法的著作，也奠定了董作宾在学界的地位。

一九四九年到一九五四年间，董作宾主持《殷墟文字乙编》的编辑工作，收录史语所第十三次到第十五次发掘的甲骨。《殷墟文字甲编》《乙编》共收录约两万片甲骨，是学界最大宗的研究材料，至今仍影响深远。

四堂中的第四位学者是郭沫若。

郭沫若，字鼎堂，四川乐山人。一九二八年旅居日本，开始甲骨文、金文的研究，该年八月，读完东洋文库所藏的全部有关甲骨和金文的著作。

一九二九年撰写《卜辞中的古代社会》，利用当时的历史文献与马克思主义思想，证明中国同样经历过原始社会、奴隶社会与封建社会，开创了中国的唯物史观派，并在此后数十年间深刻影响中国大陆上的考古学思想。

一九三三年日本文求堂为郭沫若出版了《卜辞通纂》，这是一部释读甲骨文的专著，也是初学者必读的入门经典；此后

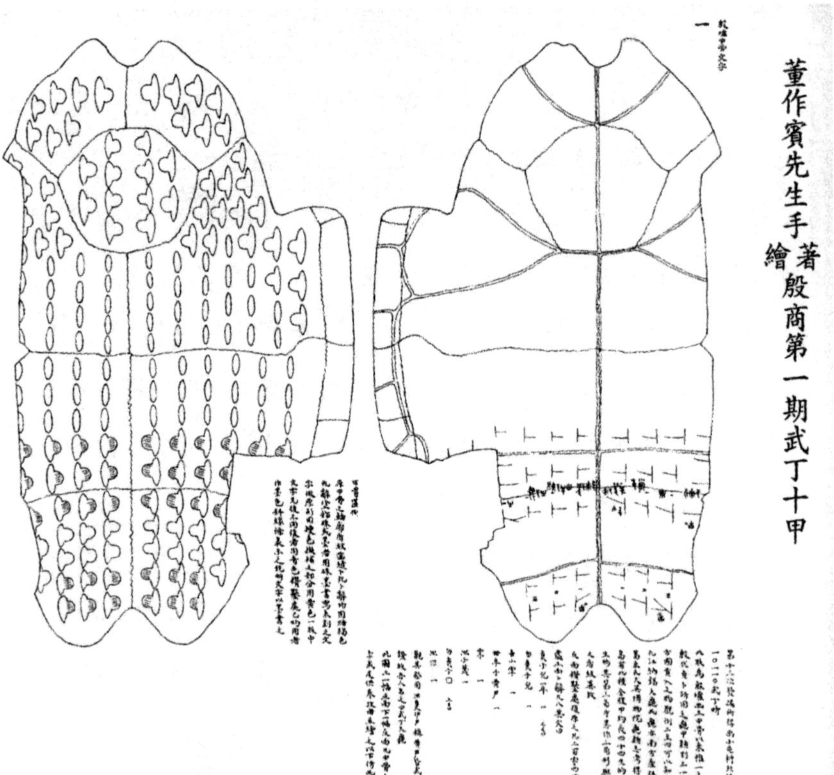

◎ 董作宾先生于美国芝加哥大学讲学时说述“武丁十甲”的讲义，范例之一。

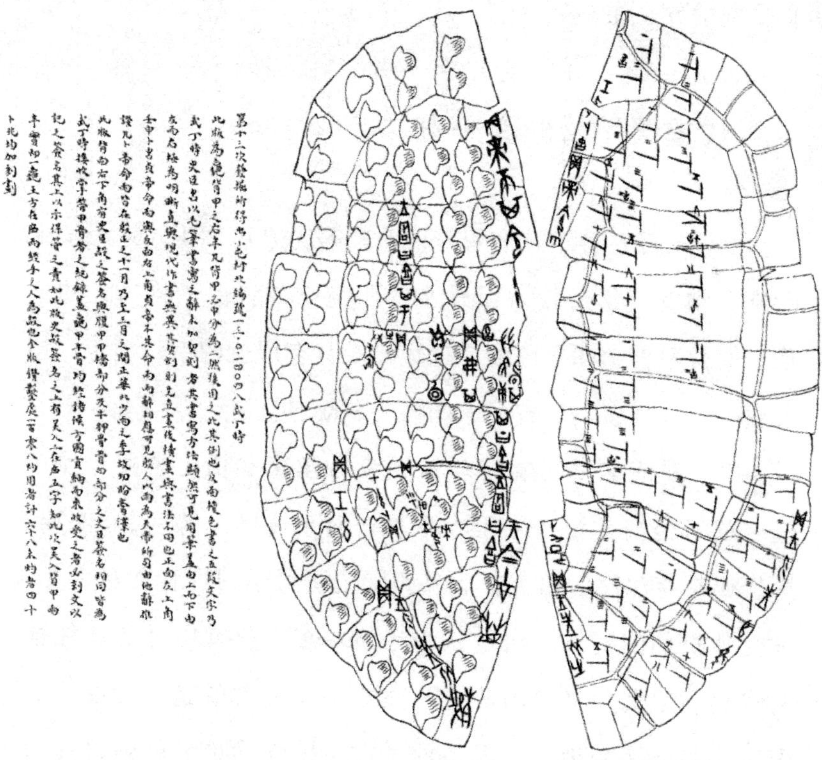

◎ 董作宾先生于美国芝加哥大学讲学时说述“武丁十甲”的讲义，范例之八。

又出版《殷契余论》和《殷契粹编》，其中《殷契粹编》收录了科学发掘以前出土的甲骨资料，是重要的材料保存著作，一直受到学界关注。

◎近代重要甲骨学者一览

甲骨文经过孙诒让和甲骨四堂的努力之后，正式走入学术殿堂，学者们纷纷投入甲骨文的研究，并获得了相当大的成果，使得甲骨学亦发蓬勃。近代比较具有成就的甲骨学者，当推唐兰、陈梦家、于省吾、杨树达和胡厚宣。

唐兰是著名的古文字学家、考古学家和历史学家。他年轻时就对传统文学产生很大兴趣，对于《说文解字》《尔雅》等经典都有深厚的研究，后来跟随王国维学习甲骨文和金文，很受师长们的赞许。唐兰认为当时许多人研究甲骨文往往穿凿附会、望文生义，因此主张建立一套客观的是非标准，提出研究的方法和理论，而他的《古文字学导论》就是以此为目标而撰写的，因此可以说有了唐兰，才使甲骨学成为更加严谨的学科。

不同于唐兰这种典型学院派风格的陈梦家，不仅是著名的古文字学家、考古学家，同时还是个诗人。他自十六岁开始写诗，师从徐志摩和闻一多，是新月诗派相当有影响力的诗人。

这位看似浪漫的诗人陈梦家，却从一九三二年开始进行甲骨文研究，并且完成了《殷墟卜辞综述》。该书内容涉及广泛，包括甲骨学、甲骨文字学、甲骨语言学、考古学、商代历史、地理、制度、农业、历法等各方面，是目前所见最完整的甲骨文研究入门著作，可说是有志于研究甲骨者必读的经典。

于省吾则是训诂学“新证派”的代表，对于经学、金文和甲骨文都有深厚的研究。在二十世纪的甲骨文字研究中，于省吾是文字考释方面成就最大的学者，一生考释出两百多个甲骨文字，大部分的研究成果都收录在《甲骨文字释林》中。于省吾一生虽然考释出那么多的甲骨文字，可惜他没有将考释的理论或方法写成专著，让后人可以遵循参考，实在是件非常遗憾的事。

另外一位杨树达是著名的古汉语学家，晚年兼治甲骨金文，主要成就就是根据文字的形体来了解字义。但是他认为如果从字形求出来的字义，无法顺利放在句子中通读，那就要利用古音韵学的知识从声音去考察，即使考察出何字为何义也不够，还需要参照时代相当的古书，这样才是做到谨慎。这就是杨树达考释甲骨文字的主要方法，在学术界也有相当大的影响。相关著作有《积微居甲文说》《卜辞琐记》《耐林庼甲文说》《卜辞求义》四种。

最后一位，胡厚宣是近代重要的甲骨学家、殷商史学家、古文字学家和考古学家，一生著作丰富，涉及层面也非常广泛。他对于甲骨学最大的贡献就是搜集、摹写、拓印、著录、编辑和出版大量的甲骨文数据。光是胡厚宣主持编撰的甲骨著录有:《战后宁沪新获甲骨集》(一九五一年)、《战后南北所见甲骨集》(一九五一年)、《战后京津新获甲骨集》(一九五四年)、《甲骨续存》(一九五五年)、《苏德美日所见甲骨集》(一九八八年)、《甲骨续存补编甲编》(一九九六年)、《甲骨文合集》等等。由此可知，胡厚宣一生精力大多奉献在甲骨资料的搜集上，但他也发表了不少具有创发性的专著论文，例如对于商代的农业和医疗部分进行基础研究，为后世学者做了很好的铺垫工作。

◎在台深耕的甲骨学者介绍

国民党当局迁台以后，同时带走了一批重要的甲骨学家。在大陆受到一些阻挠而无法进行学术研究的时候，这些学者默默地在台湾努力耕耘，使甲骨学不至于中断。

台湾的甲骨学者首推屈万里，其研究范围涉及经学、古文字学等，是多方面的专家，甲骨文只是其中一个方面，而《殷墟文字甲编考释》是他的代表作。《殷墟文字甲编考释》的整理开始于一九五四年，首先进行缀合工作，其次才是释文部分。这本著作修正了董作宾的说法，将一些原本定位在第四期的贞人改入第一期，此外还收进了较罕见的鹿头骨刻辞、人头骨刻辞的拓片，最后是注意到甲骨文有脱文、衍文或倒刻的现象，以及甲骨文的行文惯例。这些现象对于我们认识甲骨刻辞，还有熟悉甲骨学内容都有一定的帮助。

严一萍关于甲骨文的著作不少，其中影响较大的首先是《铁云藏龟新编》，此书收录了比较清晰的拓片，并且缀合了可缀之版，使得这部最早的甲骨学专著更适合读者阅读。其次是《甲骨缀合新编》与《甲骨缀合新编补》，严一萍在甲骨缀合方面也是用力甚勤，大部分的缀合成果都收录在这两本书之中，具有一定的参考价值。第三则是《甲骨学》，这是一本谈论如何研究甲骨的书籍，严一萍希望能够借由此书告诉读者如何研究甲骨文，于是从甲骨的构造、拓印、著录到考释文字都进行了介绍，提供读者一条窥探甲骨学堂奥的途径。当然他早年所作的《殷契医征》也不容忽视，可以探知殷商时的医学。

金祥恒曾师从董作宾，是著名的甲骨学家，一生的研究都与甲骨文分不开，而较重要的成就有三方面。首先是增补、订正孙海波的《甲骨文编》，进而完成《续甲骨文编》。其次是撰写了数以百计的论文，根据统计，与甲骨文有关的多达百篇，其中有不少论点至今都有参考价值，可见其用功之勤。第三是编辑出版了《中国文字》共五十二期，此期刊汇聚的论文多与殷商甲骨文研究有关，许多台湾学者的重要文章都曾在此刊载，对于国际甲骨学界也产生了重要的影响。

◎当代的甲骨学者研究

甲骨学绵延至今，依然不辍，当代仍有不少学者对于甲骨学的贡献很大，较重要的几位有张政烺、饶宗颐、张秉权、李学勤、裘锡圭和王宇信。

张政烺是著名的古文字学家、古器物学家与历史学家，其贡献在于结合考古学知识，对上古史以及文字考释进行研究。除此之外，他也是最早对于甲骨出现数字易卦进行研究的学者。研究成果都收录在《张政烺文史论集》中。虽然张政烺并未出版甲骨文的专著，不过他撰写的研究文章也仍然不可忽视。

饶宗颐是著名的历史学家、翻译家、书法家与古文字学家。其主要贡献在于对甲骨资料的搜集，相关著作有《日本所见甲骨录(一)》《巴黎所见甲骨录》《海外甲骨录遗》《欧美所见甲骨录存》《谈“十干”与“立主”——殷因夏礼的一、二例证》《殷代贞卜人物通考》等。其中比较重要的是《殷代贞卜人物通考》。自从董作宾提出殷代贞人说之后，就没有学者对贞人再进行专门研究，而饶宗颐此书正是提出贞人的“分人研究法”，让有贞人记名的刻辞可以得到综合整理。

张秉权曾经任中央研究院历史语言研究所研究员，一生从事甲骨研究工作，其中最重要的即是编辑《殷墟文字丙编》。《殷墟文字丙编》其实是《乙编》的后续工作，主要是将《乙编》收录的较重要的、意义较特殊的大片甲骨重新缀合，予以复原。除此之外，《丙编》的文字考释也是由张秉权独立完成，在这个过程中张秉权还发现了所谓的“成套卜辞”，也就是甲骨文有数版内容相同、重复贞问的现象，借此我们可以了解到卜辞辞例的省略问题，对于甲骨学研究有着相当重要的贡献。

李学勤是著名历史学家、古文字学家，精通甲骨文、金文与战国文字。他原本就读清华大学哲学系，师事金岳霖，但是不久即因病休学，所以没有拿到学位。后来他以临时工的身份进入中国科学院考古学研究所，协助曾毅公、陈梦家等人整理甲骨的工作，从此踏进古文字学界。李学勤的著作丰富，对于甲骨文的贡献也有不少，他提出的殷墟甲骨文两系说，至今仍有着重要影响。

裘锡圭，一九五二年进入复旦大学历史系，师从胡厚宣，专攻甲骨学与殷商史。后来随同朱德熙学习战国文字，一九七四年起参加银雀山汉墓竹简、云梦秦简、马王堆汉墓帛书等出土文献的整理工作。现任复旦大学出土文献学古文字中心专职研究人员，主要从事汉字学、古汉字学与古典文献学研究。裘锡圭精通甲骨、金文与战国文字，他功力深厚，治学严谨，因此无论在考释文字的方法还是在先秦、秦汉史的研究方面都有相当大的建树，比较重要的著作有《古文字论集》、《古代文史研究新探》以及《中国出土古文献十讲》，这些都是古文字学入门的必读之书。

王宇信，现任中国社会科学院历史研究所研究员，研究领域为甲骨学与殷商史，曾经参与《甲骨文合集》《甲骨文合集释文》等重要著录的编辑工作。王宇信目前致力于甲骨学的推广工作，不仅在我国香港、台湾地区，也在美国、韩国等国家讲授甲骨学，更出版多部相关著作，例如：《建国以来甲骨学研究》《甲骨学通论》《甲骨学一百年》等，为入门读者了解甲骨学提供一条相当简捷的途径。

◎他山之石——外国的甲骨学者

甲骨被发现之后，引起了全世界的注意，除华人世界以外，日本对于甲骨文的研究也有相当悠久的传统，这和对日抗战时，日本得到不少甲骨片有关，也出现了几位比较重要的学者。

岛邦男，日本著名甲骨学家，最重要的著作有《殷墟卜辞研究》和《殷墟卜辞综类》。《殷墟卜辞研究》是一本对殷商祭祀制度与商代社会进行深入研究的著作，尤其是商代地理部分更是岛邦男用力最深之处，董作宾曾经说过：“虽然卜辞中载有许多地名，但是无人能够把它们一一都画上地图。”

不过岛邦男正是想透过商代地理的研究，绘制出这样一幅地图。这些成果呈现在《殷墟卜辞研究》之中，虽然岛氏的推论未必全部正确，但是仍然有着开创性的价值。《殷墟卜辞综类》则是以卜辞内容为分类标准的著作，在此之前学者只能利用《甲骨文编》进行研究，但是只能根据字形查阅，无法了解卜辞内容，而岛邦男的贡献正是将辞例内容分类，让读者能够知道卜辞反映了什么样的内容，对于研究甲骨有着相当大的帮助。

贝冢茂树，日本汉学家，研究领域遍及甲骨、金文以及中国上古史，被誉为京都大学三杰之一。他一生著作丰富，甲骨学方面的专著有：《京都大学人文科学院研究所藏甲骨文字》、《京都大学人文科学研究所所藏甲骨文字·本文篇》以及《古代殷帝国》。

他最重要的贡献在于分出“王族卜辞”与“多子族卜辞”。所谓王族卜辞就是指殷王的卜辞，而多子族卜辞就是商代贵族的卜辞，相当于陈梦家所谓“宾组卜辞”与“子组卜辞”的不同。日本是较早注意到甲骨文的海外学界，而经过岛邦男与贝冢茂树等人的努力，也建立起令人不容忽视的甲骨学系统，实在值得我们关注与学习。

表1 重要的甲骨学者一览表

序号	姓名	贡献
1	罗振玉	最早开始大量搜罗甲骨材料
2	王国维	最早以甲骨文考证商代历史
3	郭沫若	最早借由甲骨文研究商代社会状况
4	董作宾	最早对甲骨断代进行研究
5	唐兰	考释出一百多个甲骨文字，大多准确无误
6	陈梦家	修正董作宾的甲骨断代说，对商代宗教、神话、礼制等部分进行研究，对甲骨研究进行科学总结
7	于省吾	考释出三百多个甲骨文字，研究商代历史，利用甲骨文字研究成果校勘古籍
8	胡厚宣	参与室内考古，研究商代社会生活史
9	饶宗颐	对商代贞人进行研究，对甲骨材料的搜集公布和传播也有贡献，通过甲骨文对商代地理进行研究

（续表）

序号	姓名	贡献
10	张政烺	考释文字，甲骨词义研究，借甲骨考证商史，对甲骨出现的易卦进行研究，论证《周易》的源流
11	李学勤	甲骨缀合，史地考证，周原甲骨研究，甲骨材料搜集，甲骨知识的推广与普及
12	裘锡圭	甲骨考释，甲骨分期断代研究，古代汉语汉字研究，商代社会研究
13	岛邦男（日）	商代祭祀活动，商代地理，卜辞所见的官制
14	贝冢茂树（日）	甲骨的分类与断代研究，甲骨材料的搜集

陆 甲骨的考古新发现

虽然中央研究院历史语言研究所在一九四九年来到台湾以后，就无法再继续实地的考古工作，不过在中华人民共和国成立之后，仍然继续展开殷墟考古的工作。

◎发现，小屯南地的甲骨挖掘

一九七三年三月十二日，考古研究所又有了大发现。那天，一名人民公社社员正在一块庄稼地上开垦，当他挖到壕沟边缘时，发现有几片骨片随着泥土掉落下来，他捡起一看，竟然是有字的甲骨！

社员连忙拿着甲骨到考古单位上报，考古队得知这个消息后相当振奋，连忙召集了人力，立刻在壕沟附近展开挖掘工作。这一次发掘，总共出土了有字甲骨五千三百三十五片，其中包含卜甲七十五片、卜骨五千两百六十片、牛肋骨四片以及未加工骨料八片。这次的成果可说是继 YH127 坑以来，获得甲骨最多的一次，所以马上就引起了学术界的轰动。

根据学者的研究发现，这批小屯南地出土的甲骨有三种情况：

第一种出于近代扰乱坑、扰乱层，并混合于隋唐墓填土之中，特征是甲骨片都很碎小。

第二种是出于殷代文化层和房基夯土之中，大部分也都是小片甲骨。

第三种是出于其他的六十四个灰坑中，每个灰坑出土甲骨的数量从一到数百片、上千片不等，一共获得三千多片。大多数灰坑中的甲骨与陶片、人兽骨等掺杂在一起，少数的灰坑存放了大量甲骨，而且大多都是完整且大片的，相对来说，其他

◎ 小屯南地甲骨堆发现场模型。

的遗物就比较少。

考古研究所这次在小屯南地所获的四千多片甲骨，是一九四九年至今殷墟发掘过程中出土有字甲骨最多的一次，光是完整的牛胛骨就多达一百多版，更是有史以来唯一的特例。这批甲骨不仅内容丰富，而且出土地层明确，所以对于甲骨学研究有着相当大的贡献，特别是在甲骨断代方面，更是引发了学术界热烈的讨论。

◎花园庄东地甲骨的发现

另一次，则在一九九一年十月秋天，安阳工作队为了配合安阳市修建公路的工程，所以事先进行了考古钻探。没想到这一挖，竟然发现了六十二座殷代墓葬、房基三座及灰坑两个！这个发现再度震惊了安阳工作队，不仅如此，考古队甚至在花园庄东地发现一个堆满甲骨的长方形窖穴(编号为91花东H3坑)。

考古人员看到这个景象之后非常兴奋，毕竟这是小屯南地发掘之后，第二次挖到大量的甲骨。但是该怎么把这一整坑甲骨安全地取出呢？考古队左思右想，决定效法历史语言研究所的前辈，也将整坑甲骨连带泥土装箱运回考古工作站。这么一来，学者就能在更优良的环境中慢慢清理甲骨了。

当然，现今的环境比起当年已经改善许多，考古队取出甲骨的过程也很顺利。没多久，整坑甲骨就以灰土柱的形态被运进安阳考古研究所了。考古队在研究所里一共取出甲骨一千五百八十三片，其中用来占卜的龟甲有一千五百五十八片，刻有字的则有六百八十四片；用来占卜的牛骨有二十五片，刻有字的则有五片。这是一九二八年殷墟发掘以来继 YH127 坑、小屯南地甲骨以后的第三次甲骨大发现。

这批甲骨的主人是个叫作“子”的贵族，所以不是商王的卜辞，过去学者常常以为卜辞都是卜问商王的事情，但是这批甲骨就说明了事实并非如此。这批甲骨占卜的内容非常广泛，包括家族内部的事情、学校教育、疾病医疗、往来送礼、发动战争等方面，对于我们理解商代的贵族家庭有很重要的帮助，甚至还有学者用来与 YH127 坑甲骨进行比较，丰富了甲骨学史上的新篇章！

第二章

回溯：甲骨文的诞生和演进

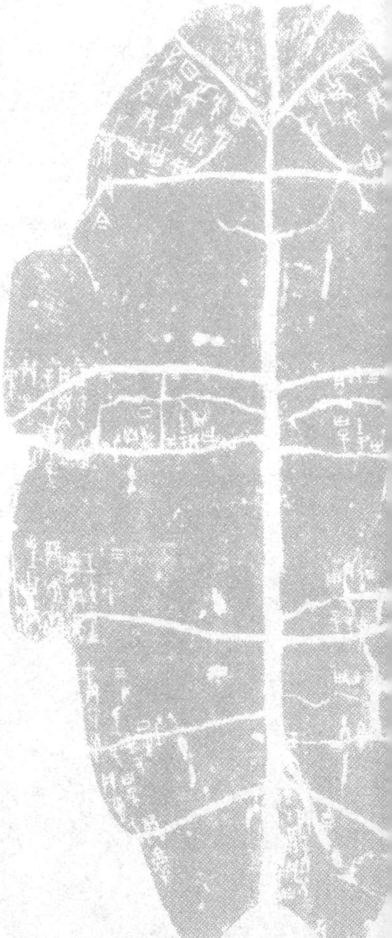

打开殷商历史的钥匙：甲骨文

甲骨文的出现，与最初占卜是分不开的，商人占卜是由于他们认为“万物皆有精灵”。当面对陌生的自然现象时，常常用“神明”的概念来理解，因此打雷有雷神、闪电有电母、河川有河伯。在他们的眼里，各式各样的自然现象或山川河流，都有专属的独特神灵。古人为了顺利立足于天地间，久而久之就产生了利用占卜工具为中介，来与神明沟通或是预测未来的习惯，就像《礼记·表记》说过去三代贤明的君王都恭敬地侍奉天地间的神明，使用的方法无非就是卜筮之术，而甲骨就是当时的占卜之物。

利用占卜来与天地神明沟通，是各大古文明经常见到的现象，而商代人也不例外。传世文献里面记载的卜与筮、龟与蓍，这些都是商代人占卜的方法。所谓卜龟就是指烧灼龟甲或兽骨，然后从龟甲或兽骨龟裂的兆痕来判断吉凶，至于筮蓍则是指利用蓍草的排列来判断吉凶。

而殷商时期的占卜其实和我们所认为的一贯的迷信不同，因为掌握文化的只有王室贵族和负责卜问的贞人们，所以这样的占卜除了是表现对自然力量敬畏的仪式，甲骨文也是当时文化的传承和文献的记载方式，从解读甲骨文卜辞中，也可一窥当时先民生活的轨迹。

壹 甲骨文和重视占卜的商人

占卜在商代社会十分流行。但是实际上，我们观察卜龟或卜骨上面的文字，就会发现大部分都是商王或王室成员的占卜，也就是说，商人虽然重视占卜，但是真正拥有占卜权力的人仍然是商代社会的上层贵族，而不是一般社会民众。

我们可以想象，在商代宫廷里有一个专门为商王设立的占卜机构，当商王或王室贵族需要占卜的时候，贞人就会以代言人的身份问卜，卜人则负责执行占卜，占人专职解释裂纹的含义，然后史人会将整个占卜过程记录下来。这些是商人占卜时一定会出现的几个角色，有的角色不止一人，也有的人同时担任多个角色。由此可知，占卜对于商人来说不仅是一种非常流行的活动，甚至对王室和整个王国的决策都起了相当重要的作用。

商代人对于生活中各式各样的事物都要占卜。目前我们从甲骨文看见的占卜内容，就包含祭祀、征伐、田猎、往来行止、旬夕、天象、年岁、疾病生死、梦境、生育、营建和其他。有些占卜是常例，在固定的时间会固定进行，有些占卜则是临时的，但不论如何占卜，商人都会按照一定的程序进行，可见占卜本身对他们而言是件相当神圣与严肃的活动。

占卜可以说是商人最重视的活动之一，我们不仅可以透过占卜来了解他们的社会，同时也可以明白他们是如何看待这个世界的。

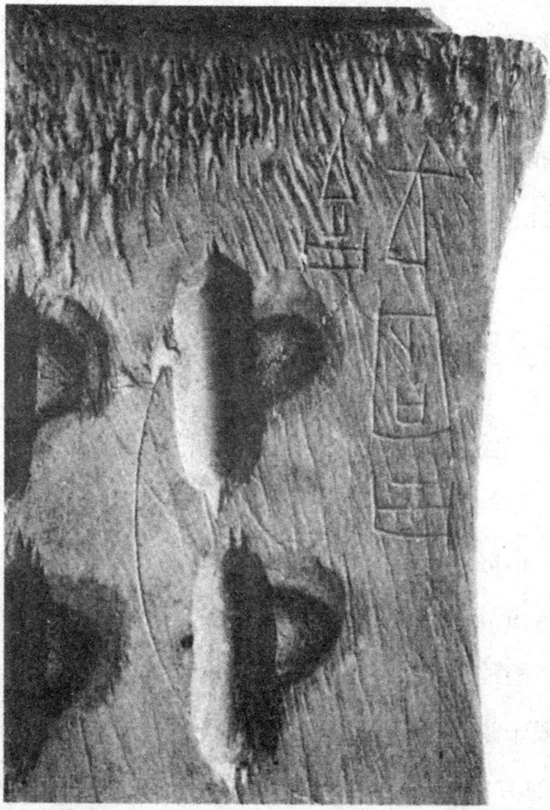

◎ 殷商时期牛肩胛骨刻辞，卜辞曰："王占曰吉。"

贰 解读甲骨文

如果一提到甲骨文，就认为所有的甲骨文都是指“占卜文字”或者是“卜辞”，那也是不正确的。根据学者的研究发现，甲骨文除了卜辞之外，还有刻在甲骨不同部位并与占卜事情无关的记事刻辞，以及用来练习或有其他功能的表谱刻辞。以下就让我们一一介绍这多彩多姿的甲骨文。

◎从占卜开始：完整的卜辞包含哪些内容？

一条完整的卜辞可以分成四个部分，分别是：

一、序辞（或称前辞）：记载占卜之日与卜人名字。

二、命辞：记载卜问的事情。

三、占辞：记录视兆的人判断吉凶的话。

四、验辞：记录应验的情况。

一般来说，序辞和命辞通常会刻在甲骨的正面，以一正一反对称的方式占卜。以天气为例，若左边命辞为“明天会下雨”，右边的命辞就是“明天不会下雨”，最后透过烧灼后呈现的裂纹来确定会不会下雨。而占辞和验辞会刻在甲骨的反面作为记录，不过也有占辞在正面的例子。完整的卜辞虽然有这四项，但并不是所有卜辞都四项俱全，大部分都是只有前两项或三项，验辞出现的概率更是不多，占辞大部分只出现在占卜商王相关事宜的“宾组卜辞”，其他类组并不常见。

而一般刻辞分布位置，大致如下页所示。

到底刻辞的方式和位置有何意涵和规律，我们以下列甲骨说明：

（一）序辞：a 癸巳卜，争贞。

这就是序辞，记载这次占卜的日期是癸巳日，负责占卜的人是争。

（二）命辞：b 今一月雨。／c 今一月不其雨。

占卜的内容是说：这个月会不会下雨呢？由于占卜的人非常谨慎，所以正面反面的问题都一起提出，这种情况叫作“对贞”。

（三）占辞：d 王占曰“丙雨。旬，壬寅雨，甲辰亦雨”。

负责检视兆象的人是商王，商王看了兆象之后说：“丙日会下雨。接下来的一旬(商朝人的一旬是十天)，壬寅日下雨，甲辰日也会下雨。”

（四）验辞：e 己酉雨，辛亥亦雨。

结果事实的情况是己酉日下雨，辛亥日也下雨。

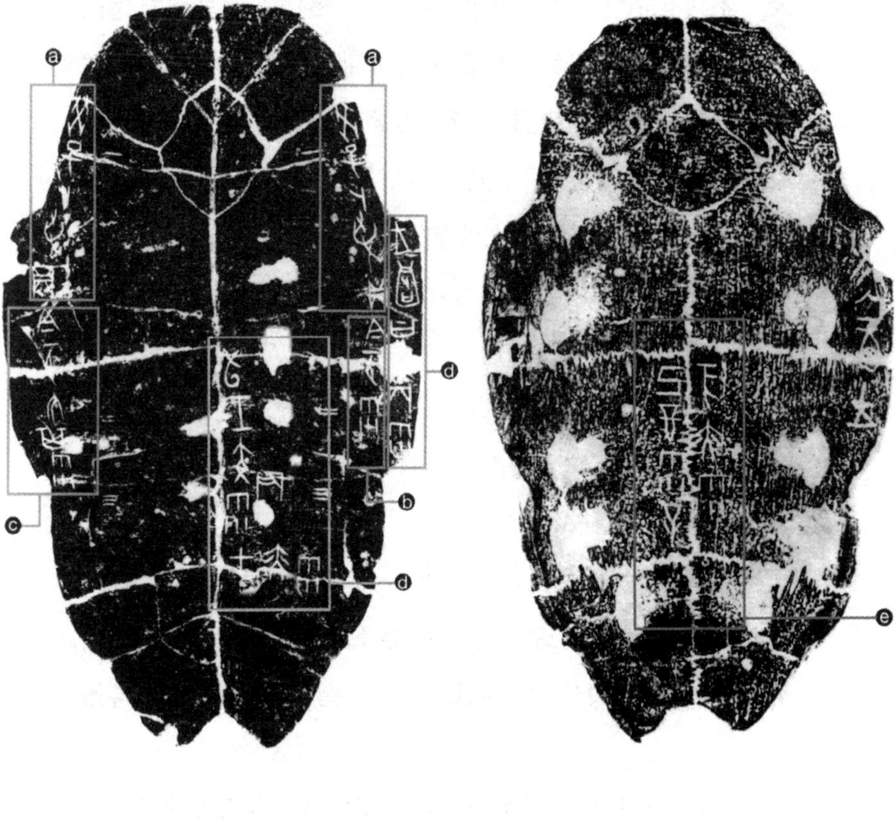

◎《丙》368
a序辞　b命辞　c命辞　d占辞　e验辞

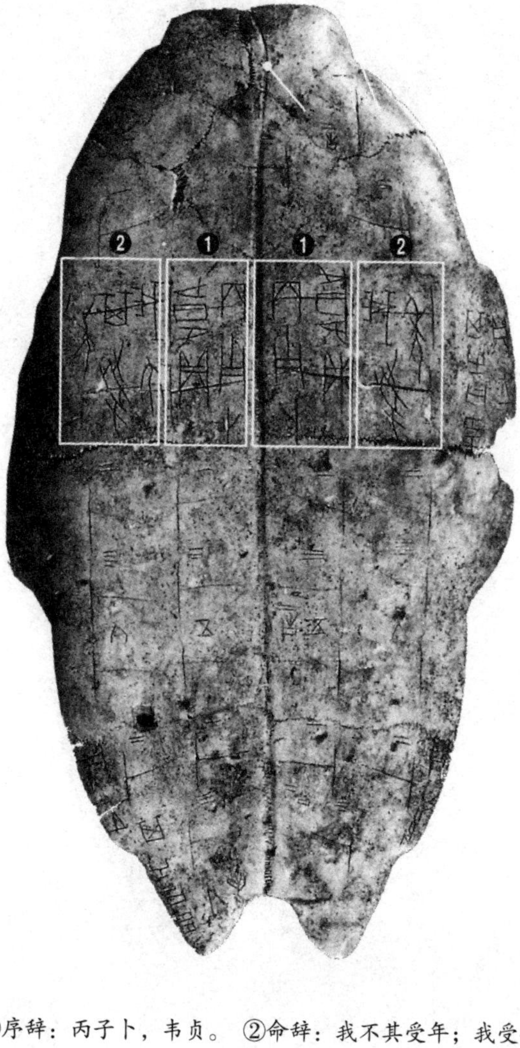

◎ ①序辞：丙子卜，韦贞。②命辞：我不其受年；我受年。

◎ ③占辞：王占曰巳朋。王占曰穷。王占曰钔。王占曰若。

◎占卜之外：记事刻辞和表谱刻辞

值得注意的是，这版甲骨的甲桥背面还刻上了一排文字，内容是：

雀入二百五十。

这是说明这版甲骨是臣子雀进贡的两百五十版甲骨之一。内容明显和占卜的事情无关，而是记录这版甲骨的由来，这就是一条属于甲桥刻辞的“记事刻辞”。

记事刻辞是指甲骨上那些专为记事而契刻或书写的文字，它们所记的事情通常与占卜没有关系，它们的旁边也没有卜兆，而且大多数会出现在甲骨比较特殊的部位。学者主要分为五类：

（一）甲桥刻辞：刻在腹甲的甲桥上。

（二）背甲刻辞：刻在背甲的反面。

（三）甲尾刻辞：刻在腹甲的右尾。

（四）骨臼刻辞：刻在牛胛骨的臼部。

（五）骨面刻辞：刻在牛胛骨骨面宽薄的一端下方。

契刻在甲骨这五个部位的记事刻辞，内容除了记载该版甲骨的由来之外，有的还有贞人签名，透过这些记载可以让我们知道，商朝人是如何取得这些占卜材料的。

表谱刻辞的内容主要有三种，分别是干支表、祀谱以及家谱。它们大多刻在牛肩胛骨上，但是也有少数刻在龟甲上面的，其中以干支表最多，而且常常是学生习刻的作品。根据学者的研究，可以知道以上三种刻辞通常也是刻在卜用甲骨比较特殊的位置。主要可以分为：

①刻在卜辞中间的。

②刻在较偏僻的地方。

③刻在废弃的卜骨上面。甚至也有发现一版出土的牛肩胛骨，一面是契刻干支表，另外一面是记载征伐的卜辞。

◎《燕大》165
牛肩胛骨刻辞拓片，内容为干支表，也可视为殷商年历。

叁 商人如何使用和处理甲骨

◎甲骨是从哪里来的呢？

占卜是商代人心目中相当重要的一项活动，用来占卜的乌龟自然也有严格的使用方法和等级差别了。商代占卜者的身份有很多种，有商王、贵族、平民或小贵族的分别，不同身份的人使用不同的甲骨，商王的占卜通常使用诸侯贵族进贡的大乌龟，平民或小贵族就使用自己领地出产的小乌龟。根据学者的调查发现，目前出土最大的龟版长达四十四厘米，宽三十五厘米，可能是缅甸或印度尼西亚一带出产的品种；最小的龟版只有十六厘米左右，甚至还有更小的，通常产自殷墟本地。整体来说，殷墟卜龟的产地分布地区广泛，有来自南方江淮流域的，有来自黄河流域的，也有来自北方地区的，甚至有长江流域或更远的海域，当然，安阳殷墟一带本地产的乌龟也不少。

而牛肩胛骨的来源，主要产地是在中原还有北方地区。有的是通过打猎获得，有的则是商人自己畜养的，由于商代北方牛只很多，因此畜养牛只是相当普遍的行为。

◎甲骨是怎么变成卜骨的？

这些甲骨进贡给商王室之后，并不是立刻就可以用来占卜，而是需要经过一番整治的工作。甲骨的整治在学界称为“攻治”，包括甲骨的取材、削、锯、切、错、刮、磨、穿孔以及钻凿等几道工序。殷墟甲骨的攻治主要是锯、错、刀、凿、钻五种，目的是为了避免占卜时兆象过于杂乱无章，因此利用人为的方法改变甲骨烧灼后出现的痕迹，这种经过攻治的甲骨才能真正被拿来用作占卜工具。

甲骨的攻治过程可以分成以下几种方式：

一、龟腹甲和龟背甲的攻治

处理龟腹甲前，首先要锯开背甲和腹甲，再锯去腹甲两旁甲桥边缘上下突出的部分，然后将甲桥边缘磨治成整齐的圆弧形，接着去除腹甲表皮的胶质鳞片，刮平去鳞之后留下盾纹，以便于显示兆象和刻辞，最后再将腹甲较高厚的地方加以刮磨，使全版龟甲更加均匀平滑，以方便契刻文字。

除此之外，殷墟苗圃北地出土的腹甲还有另外一种攻治方式，这种腹甲的甲首大多经过掏挖，留下宽厚的边缘，然后再把甲桥与腹甲相连的部分磨成锐角，有的还在甲桥上钻一个小孔，这么一来，就可以用绳索把多版加工整治好的龟腹甲串在一起另外存放，作为预备占卜的材料。

而商代人攻治龟背甲的方式大约有五种：

第一种是直接从背甲中脊对剖为二，通常施用于较大的背甲。

第二种是背甲对剖以后，又锯掉中脊处较凹凸的部分以及首尾两端，使它看起来像鞋底的形状，并在中间穿孔，便于携带，通常施用于较小的背甲，学界又称之为“改制背甲”。

第三种是殷墟花园庄出土的背甲，也是从中脊对剖为二，不过只对边缘略加刮磨而已。

第四种是略成梭形，接近第一种攻治方法的背甲。

第五种则类似刀钺的形状，两端较厚，中间较薄，有明显的锯磨痕迹，中间也穿一个圆孔。以上五种就是我们常见的背甲攻治方式，虽然攻治背甲的方法较多，但是因为背甲凹凸的关系，因此商代人比较少用背甲来占卜。

二、牛肩胛骨的攻治

牛肩胛骨的形状像扇子，整体包括骨臼和骨扇两个部分。

【甲骨的攻治方式】

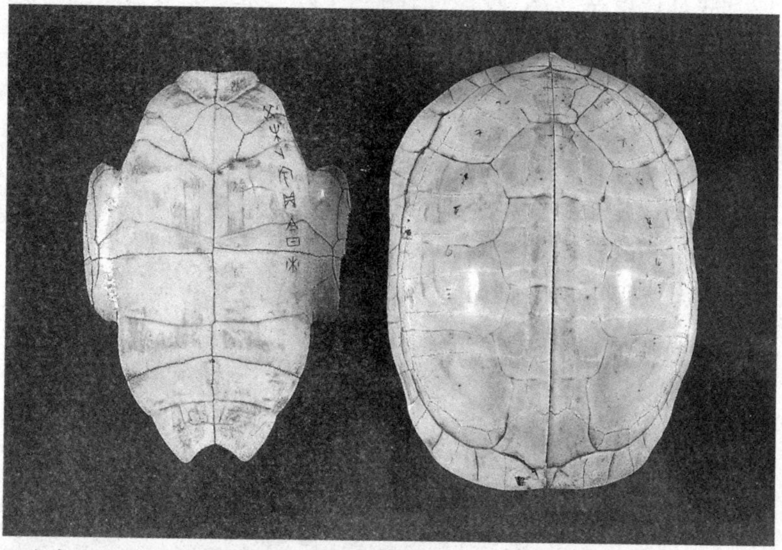

◎尚未进行攻治的龟腹甲正面与龟背甲。（严一萍仿制样品）

◎ 攻治后的龟腹甲与龟背甲。（严一萍仿制样品）

骨臼就是接近关节的部分，臼的一边有一个突起部分，通常称为臼角。沿着臼角而下，骨扇反面的一侧有一道突出的骨脊，紧靠着骨脊边缘为内缘，与之相对的边缘为外缘，外缘因为骨面隆起而显得比内缘圆厚，牛肩胛骨有左右之别，所以一头牛可以有一副。

商人取得牛肩胛骨后，要先用文火慢煮进行脱脂，以免日久发臭，接着用刀在骨臼最上面锯一道横线，沿着此线切下，去掉骨臼的一半或三分之一，使臼面成为半月牙形而且内凹。接着将骨扇正面朝上平放，切除臼角茎块的部分，形成一个直角的缺口，最后削去骨扇反面的骨脊，再把粗糙的一面加以刮磨，使其平滑均匀，这样才算完成牛肩胛骨的攻治工作。

以上三种攻治方法是针对不同材料而发展出来的，除了这些步骤之外，还有一个步骤是不管使用龟甲还是牛骨占卜都要进行的工作，那就是甲骨钻凿。

三、甲骨的钻凿

甲骨的背面钻凿，是为了让甲骨正面在灼烧时更容易出现兆痕，因此制作时有一定的规矩，通常是用在甲骨的背面。

所谓钻凿分成两个部分，呈圆形的部分通常称为钻，枣核形的部分则称为凿，凿形通常和龟甲的中缝或牛骨的左右两边

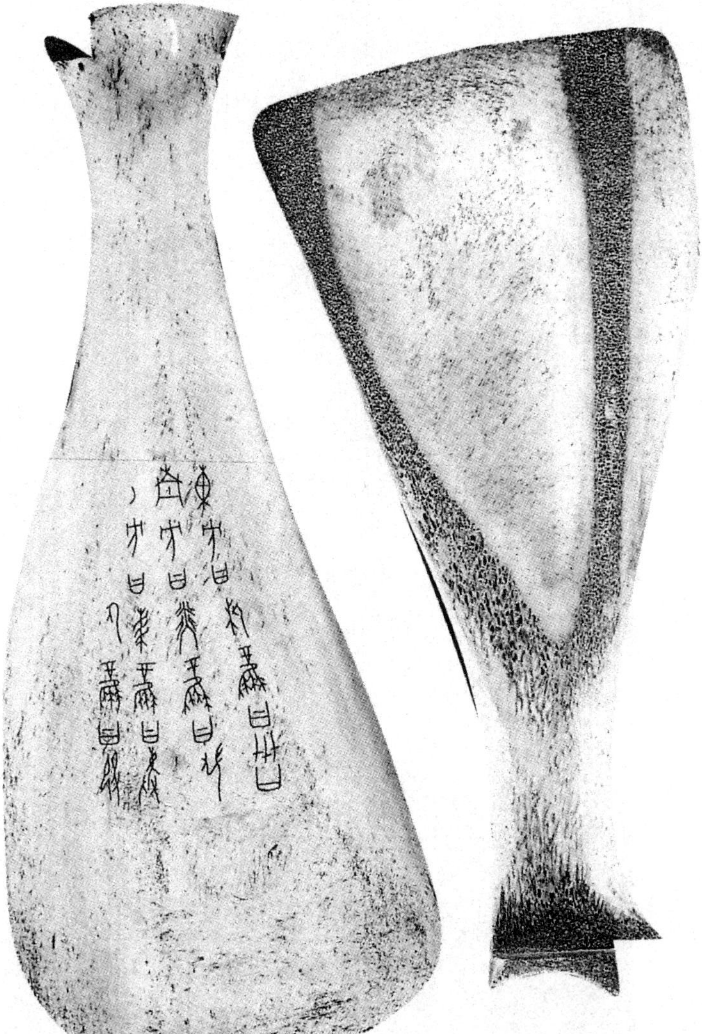

◎ 攻治完成，未进行钻凿或占卜的牛骨。（严一萍仿制样品）

平行，攻治时是用刀从两侧斜切而下，最深处呈一直线，但是不凿穿骨面，这么一来，烧灼时就会出现纵向的兆干。

钻则与凿紧紧相连，不会成为完整的圆形。钻在凿的左右会影响兆枝卜形的走向，若是背面的钻在左边，那么兆枝就会

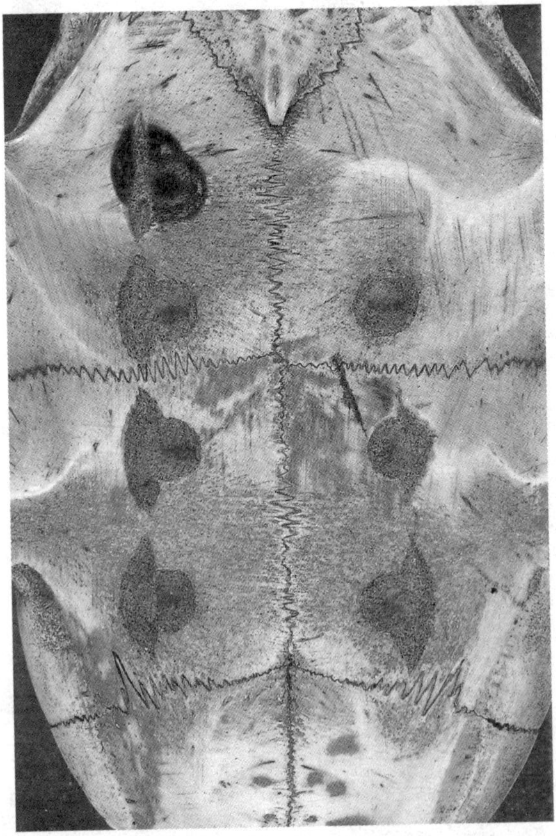

◎ 甲骨的钻凿与烧灼，左上一为烧灼过的痕迹。（严一萍仿制样品）

在右边；若是背面的钻在右边，那么兆枝就会在左边。

钻凿的左右通常是以龟甲的中缝（又称千里路）为基准，在千里路左半的钻凿就会朝右方，而右半的则会朝左方，如此左右对称，就是要让正面的兆痕更加有规律和理路。至于牛肩胛骨的钻凿分布，就不像龟甲那么有规律，不过整体说来，内缘和外缘的两排钻凿通常会相向，使卜骨正面的兆痕均指向正中央。

通常甲骨要到烧灼时才算是开始占卜的行为，在此之前都是整治的工作。商代人为了占卜，对材料进行过非常细致而且严密的整治工作，从这里也能让我们知道占卜对商代人而言，是一件多么神圣的事情！

肆 商人的甲骨占卜仪式

经过上节提到的整治手续后，甲骨就可以拿来占卜了。

占卜的方式是先由贞人说明卜问内容，就是所谓的“命龟”。然后用烧红的树枝在钻的地方烧灼，接着甲骨会发出“卜”的一声，同时在正面出现一个像“卜”字形的卜兆，这也是“卜”字的由来，后来便用以指称占卜之事。贞人根据卜兆的兆象来判断事情吉凶，也就是习称的“占龟”。

◎卜辞也有颜色吗？

经过命龟、烧灼以及占龟的手续后，就要将占卜的事情契刻在甲骨上面了。甲骨的刻辞或书辞，通常都在相关卜兆附近，刻辞会随着占卜事情的重要程度不同，而填上不同颜色的颜料，通常比较重要的占卜或字体比较大的会填入红色颜料，也就是所谓的“涂朱”，大部分小字则是填入黑色颜料，又称为“涂墨”，另外还有涂紫、涂黄、涂赭等各式各样的颜色。除了字体之外，商人为了让卜兆更加显眼也会加以契刻并填入颜料。

总而言之，殷墟甲骨的占卜除了上节提到的刮、磨、钻、凿等攻治的准备工作。还有命龟、烧灼、占龟、刻兆、刻辞、涂饰等占卜工作，整个过程虽然烦琐，但是井然有序，显示出占卜在商朝已经是个具有规范性与成熟性的行为。

◎甲骨也要资源回收？

至于商代人又是如何处理占卜完的甲骨呢？他们通常都是先将甲骨集中储存后一起掩埋到土里，于是就会有一整个堆满甲骨的大土坑，其中最有名的就是殷墟 YH127 坑。坑中的甲骨是一次性倒入，可见这些甲骨是经过长期集中保存，然后才一次处理掉的。YH127 坑除了出土大量的甲骨片，同时还发现甲骨旁边有一具完整的人骨，可能是掌管这些废弃甲骨的管理员，因为这些甲骨已经废弃不用，所以就跟着殉葬了。

除此之外，花园庄东地以及小屯南地甲骨也都是掩埋坑。花园庄东地 H3 坑是一个长方形的掩埋坑，出土的一千五百八十三片甲骨都是属于某个贵族“子”的卜辞，可见是专门为掩埋甲骨而挖掘的。甲骨放置的情况是先将一些完整的卜甲竖直，放在掩埋坑的角落，然后再将大量的甲骨倒进坑内，最后用泥土掩埋加以打实。至于小屯南地的甲骨，主要集中掩埋于五个坑之中，都是层层堆栈地放入坑中，大部分都是完整无缺的大版牛肩胛骨，只有少量的卜甲，此外没有其他的遗物，可见这些坑是当时人们刻意挖掘的用来埋藏甲骨的窖穴。

由此可见，商朝人占卜后通常不会立刻扔掉甲骨，而是有意识地集中储存一段相当长的时间，然后才一起掩埋处理的。有些文献也曾记载商朝人的这个习惯，例如《礼记·曲礼上》就说："祭服敝则焚之，龟筮敝则埋之"，而郑玄作注时也说："此皆不欲人亵也。"可见经过占卜后的甲骨即使没有任何用途，商朝人也不希望随意弃置，遭到别人的破坏。

商朝人对于甲骨的珍重，还表现在一件有趣的事情上，那就是"废物利用"。根据学者的研究发现，殷墟出土了不少只是契刻"干支表"或是无意义文字的甲骨，这些甲骨可能早已废弃不用，于是就拿来给学生们练习，不仅能够节约还相当具有环保概念呢！

伍 从占卜看历史：历代商王的占卜内容

前面谈到许许多多甲骨文的知识，那么商朝人到底都占卜些什么样的事情呢？其实商朝人相当喜欢占卜，几乎大大小小的事情都要先占卜一番才能行动，大至和四周方国的战争，以及祭祀祖先等等，小至今天会不会下雨、牙痛会不会好之类的，可见甲骨文内容是包罗万象的。以下就挑选几个比较重要的内容来进行介绍。

◎殷商时期的气象预报：和“天文气候”相关的占卜

天气是与人类生活最息息相关的一个自然现象之一，现代的我们可以依靠气象报告来了解一天或一周的天气状况，并且随着天气变化而改变行动或穿着。商朝人也和我们一样，相当关心每天的天气状况，然而没有气象局的古人就只能倚靠占卜来判断未来的天气会如何了。

甲骨文关于天气的占卜可以说是包罗万象，除了卜问会不会下雨之外，也有记载风、云、日出、日食等各种天候现象。

◎ 卯鸟星甲骨真迹。

夜观星空，天有异象：卯鸟星卜辞

这版卯鸟星卜辞收录在《殷墟文字丙编》二〇七、二〇八两号，它的正面总共有五条卜辞，反面则有三条。正面的内容可以分为：

A 丁亥卜，㱿贞："翌庚寅侑于大庚。"

B 贞："翌辛卯侑于祖辛。"

C 丙申卜，㱿贞："来乙巳酒下乙。"王占曰："酒隹有咎，

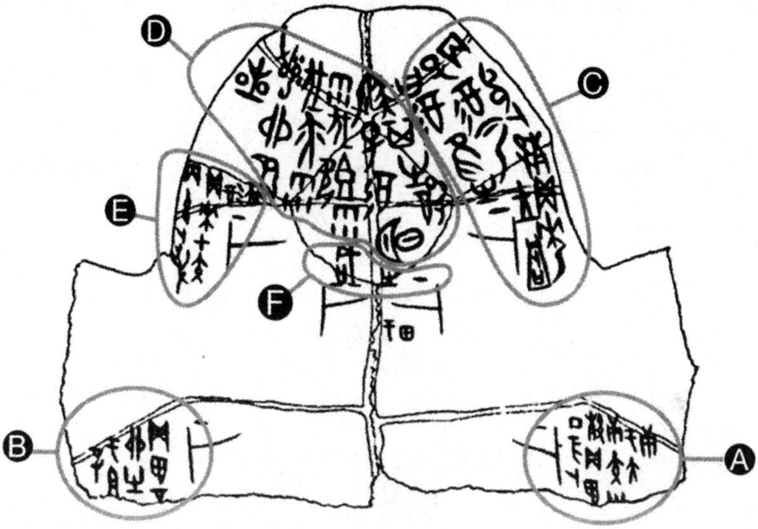

◎ 董作宾手绘的卯鸟星卜辞摹本（正）。

其有戠(异)。”

D 乙巳酒，明雨。伐既雨，咸伐亦雨。蚑卯，鸟星。

E 丙午卜，争贞：“来甲寅酒大甲。”

F 侑于上甲。

其中 A、B、E 三条卜辞都是在贞问，要不要在特定的日子里对祖先进行侑祭或酒祭，至于 C 条的内容，贞人先贞问了要不要以酒祭祭祀下乙，但商王的占辞说：“举行酒祭大概会有不好的事情吧？恐怕会有异常的事。”结果(D 条)，乙巳日举行酒祭时，果然下起了雨，举行伐祭时雨停了，伐祭结束后又下起了雨。其中的鸟星，李学勤先生说是倏晴的意思，也就是很快就放晴了。

而反面的内容多半与正面有关系：

a“己丑，侑于上甲一伐。卯十小。”对应正面的卜辞F，说明确实按照占卜的规模祭祀了上甲。

b“九日甲寅，不酒，雨。”对应正面的卜辞E，结果是甲寅日因为下雨就不对大甲进行酒祭了。

c“乙巳夕有戠(异)于西。”对应正面的卜辞C，说明乙巳的傍晚果然在西边有了异象(月食)。整体说来，这版“卯鸟

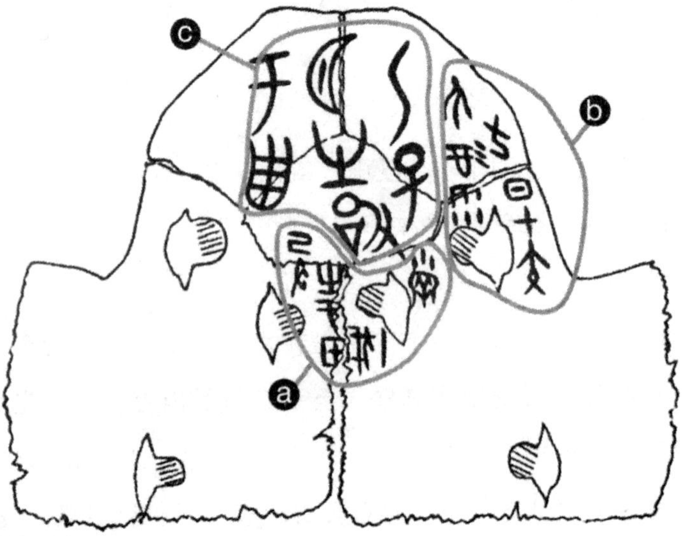

◎ 董作宾手绘的卯鸟星刻辞摹本（反）。

星”卜辞，现在看起来和天文几乎没有关系，而是跟天气较为密切。

春夏秋冬，四季有风：四方风辞

接下来我们来介绍一版有关风的刻辞：

“东方曰析，风曰劦。南方曰因，风曰岂。

西方曰㚇，风曰彝。北方曰夗，风曰𠭰。”

◎《新》520

这是一版记载四方风的刻辞，里面不仅有四方神之名，甚至还出现了四方风神的名字。为什么会把这两种神明的名字刻在一起呢？有学者认为可能四方风神是四方神的使者。不管怎样，从这一版刻辞就可以知道商朝人已经有东西南北的空间概念了，而且也已经知道风会从四个不同的方向吹来，所以才会出现这样的记载。

甲骨文現場

甲骨文拓片的编号方式

在研究甲骨文时，因为正本为国宝，年代久远，容易毁损，所以得靠甲骨的拓片来解读和了解甲骨文，而寻找甲骨拓片时，则必须以编号做索引。现有的拓片集有：当年中研院史语所发现甲骨所编著的《殷墟文字甲编》、《殷墟文字乙编》和《殷墟文字丙编》，刘鹗所著的《铁云藏龟》和关百益所编的《殷墟文字存真》……

而编号的方式如下所示：

编号	出处
《真》数字	《殷墟文字存真》
《甲》数字	《殷墟文字甲编》
《乙》数字	《殷墟文字乙编》
《丙》数字	《殷墟文字丙编》
《铁》数字	《铁云藏龟》

◎战胜战败先问天：和“战争”相关的占卜

在古代，国家最大的两件事情就是战争与祭祀。商朝还只是个较大的部落型国家，而不是大一统的帝国，因此外围环绕着许多小型方国，这些国家彼此经常发生战争，因此我们在甲骨文中也可以发现关于战争的贞问。以下就介绍一版关于战争的卜辞。

甲骨文現場

武丁中兴开创的盛世风华

商王武丁是目前出土甲骨文发现记载最多的一代君主，他是商朝的第二十三位君主，据说他知人善任，曾破格拔擢建筑工人出身的“傅说”为相。不过，他在历史上最为人所知的还是四方征战所得到的光荣战绩。他在位的五十九年间，击败了土方、羌方、鬼方等大大小小的敌国，在武丁相关的卜辞中也多次出现过讨伐四方方国相关的记载。

最后他将国土扩展至西起甘肃，东到海滨，北及大漠，南逾江汉的盛况，而武丁的政绩也被后人赋予武丁中兴的评价。

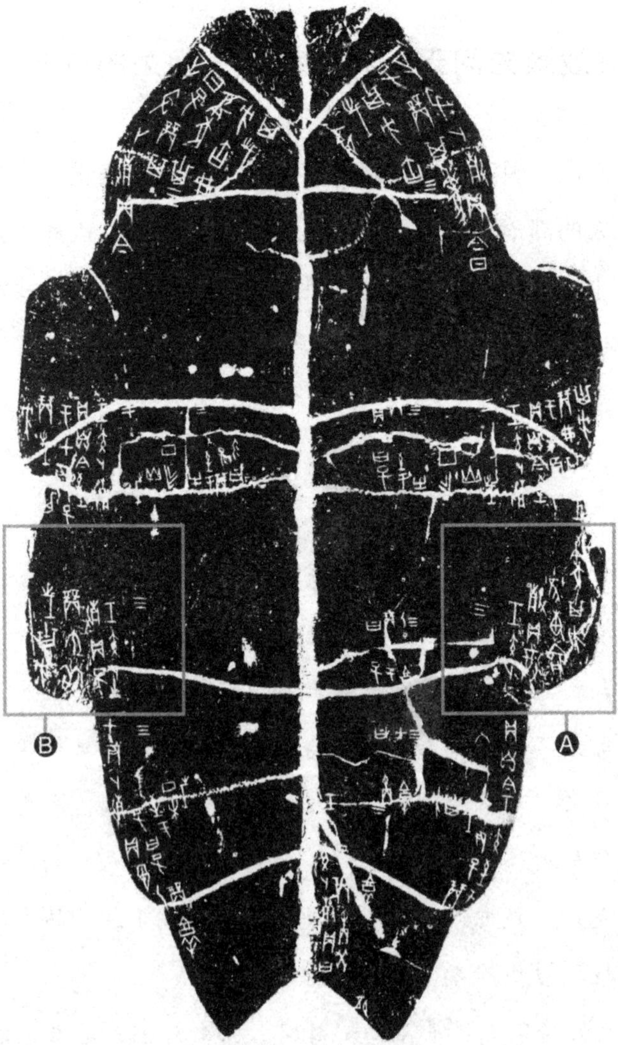

◎《丙》302

A壬寅卜，殼贞：“自今至于甲辰，子商翦基方。”

B壬寅卜，殼贞：“自今至于甲辰，子商弗其翦基方。”

这是一版壬寅日由贞人殻占卜的，卜辞内容是："从今天到甲辰日，是不是要让子商去剪除基方呢？"子商是武丁时期的一位王子，擅长带兵打仗，经常参与重要大小战役，所以商王非常信任他。基方则是商王朝附近的一个小方国，详细的地理位置并不清楚，但是可以知道在商王朝和基方发生战争期间，商王多次派遣子商前去应战，所以这个方国强盛的时间大概和子商在世的时间差不多。

关于战争的卜辞大致可分为几种内容：一种是贞问要不要去攻打敌方；一种是要派遣谁去打仗；还有一种则是和军事补给有关的内容，例如聚集民兵、征召新兵、练习射箭等等的事宜，学者也都视之为和战争有关的卜辞。

◎万事问祖先：和"祭祀"相关的占卜

向祖先祭祀是商朝人相当重要的一项活动，根据学者的调查，商王室几乎每天都有祭祀祖先的行程，虽然有时因为天候不佳而无法祭祀，不过原则上商王都会很认真地进行祭祀的。

这版刻辞的占卜时间是丁巳日，负责占卜的人是行，卜问要不要用一头牛来侑祭小丁呢？

小丁是商朝的先王，显然这天是祭祀小丁的日子。侑祭则是一种进献祭品的祭祀方式，所以要选择一种动物来当作祭

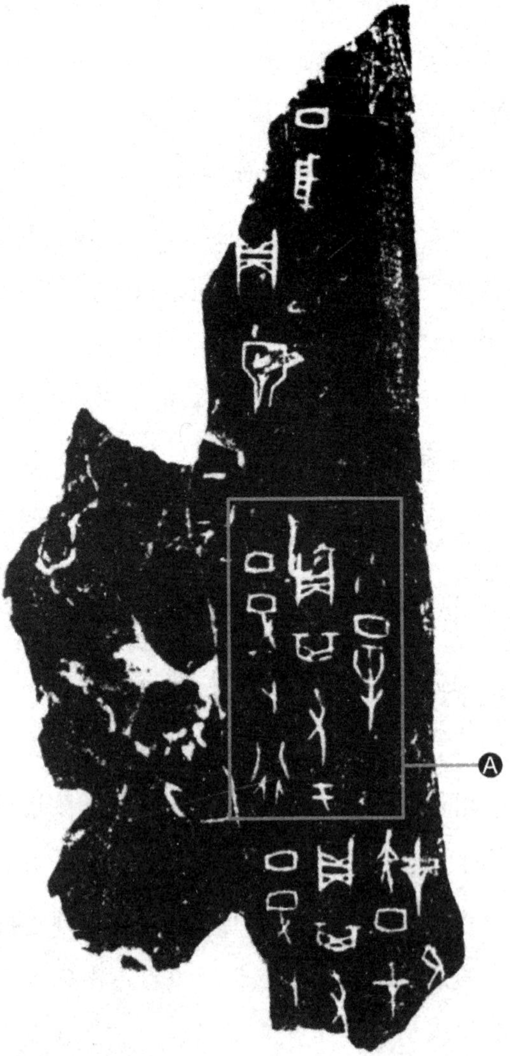

◎《真》411
丁巳卜，行贞："其侑于小丁一牛。"

品，通常比较重要的祭祀对象会选用牛当祭品，比较不重要的祭祀对象就会选择羊之类的动物。

◎风调雨顺祈丰年：和“收成”相关的占卜

商朝是一个已经步入农业阶段的社会，所以他们对于农作物是否能够收成非常关心，甚至为了得到好的收成，也会向各方的神明祭祀，希望这些神明能够保佑他们的谷物顺利生长。卜辞如下：

壬申贞：“祷禾于河，燎三牛，沉三牛。”

壬申贞：“祷禾于夔，燎三牛，卯三小羊。”

这两条卜辞都是在壬申日卜问的，第一条卜问要不要燎烧三头牛，然后再沉三头牛来为河神进行祷祭，希望河神能保佑禾顺利生长。第二条是卜问要不要燎烧三头牛，然后再杀三头小羊，来为夔神进行祷祭，希望夔神能保佑禾顺利生长。商朝人为了让农作物顺利生长，会用大量的祭品来祭祀神明，就像今日的我们也会到庙宇拜拜，祈求风调雨顺，物产丰隆一样，由此可见，农业在商朝人的心中真的占据相当重要的地位。而大量的动物祭品，举凡牛、羊、猪、狗……皆有，可以证明当

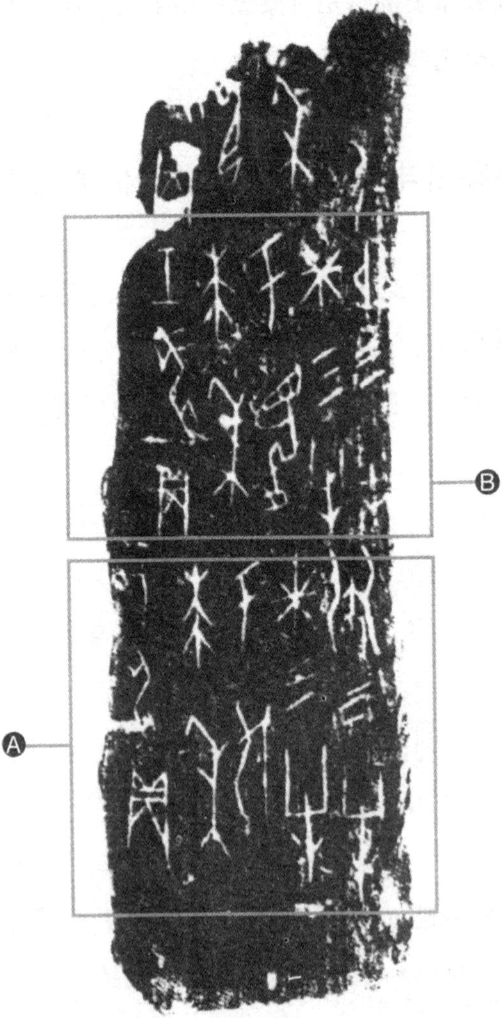

◎《京人》2361
A.壬申贞："祷禾于河，燎三牛，沉三牛。"
B.壬申贞："祷禾于夔，燎三牛，卯三小羊。"

时的农牧业是相当发达的。

◎从头到脚都要健康：和“疾病”相关的占卜

疾病的发生一直是人类的最大噩梦，因为不知是否能够痊愈，常常给人们带来极大的不安全感，我们即使是生活在医疗发达的现代，有时也会为了疾病求神问卜，更何况是三千多年前的商朝人。我们在甲骨文中可以看到各式各样的疾病占卜，例如：眼睛、耳朵、牙齿、腰、腹部、脚、心脏等疾病都曾出现，以下就介绍一例关于鼻子的疾病的卜辞：

贞：“有疾自，隹有它。”

贞：“有疾自，不隹有它。”

这是一组占卜鼻子的疾病的对贞卜辞。“自”是指鼻子，《说文解字》说：“自，鼻也，象鼻形。”所以这是占卜有关鼻子的疾病，会不会造成危害呢？所谓造成危害的意思，大概是指病情会不会进一步恶化或者是危及生命。我们经常可以在卜辞中看到这种贞问的方法，因为有些疾病如果不能及早治疗，加重恶化之后往往危及病患的性命，所以商朝人最关心的就是疾病会不会有害。

◎《乙》6385
A贞："有疾自，隹有它。"
B贞："有疾自，不隹有它。"

从甲骨文所见的疾病卜辞可以看出一件事，那就是商朝人对于人体的部位已经有一定程度的深入认识，而且对于症状还有发病的部位能够清楚联结，虽然还不能说有医学的发展，不过至少对于疾病的认识已经不是在初步阶段了。

◎生男生女靠天意：和“生子”相关的占卜

自古以来，生子就是女性生命中的一件大事，生产过程会使女性与胎儿的生命都受到极大的威胁，所以人们经常在分娩之前向神明祈求，希望生产过程能够顺利无虞。商朝人很早就体悟到这件事情，因此我们也能在甲骨卜辞中看到类似的贞问内容。

这版卜辞是甲申日，㱿负责贞问妇好(商王武丁的妻子)的分娩过程会顺利吗？王看了卜兆之后说出了占辞，如果是在丁日分娩，那就会顺利；如果是在庚日分娩，那就会非常吉利。结果妇好在三十一日后的甲寅日分娩了，过程不是非常顺利，但生了一个女孩。

关于嘉的解释，也有学者认为可能是贞问生男或生女的，如果生男就是嘉，如果生女就是不嘉，这种说法也通。总而言之，在需要人力的商代社会里，繁衍后代是非常重要的一件事情，后代的健康或性别自然也是人们最关心的事情，因此每当妇女怀孕之后，总是免不了要先占卜询问一番，这种习惯不仅在商代如此，即使是三千年后的我们也是如此。

甲骨文現場

中国第一位女性军事家——妇好

妇好，庙号母辛，她是商王武丁的六十余位妻子之一。

现在出土的甲骨文中，妇好的名字就出现不下两百多次，武丁在这些占卜的内容中，涵括了妇好的各种生活面相，从征战、生育、疾病，甚至包括她去世后的状况。足见妇好在武丁心中独一无二的地位。

甲骨文中也记录她领导了多场军事行动，例如：妇好消灭了长年与商征战的土方，之后又出现攻打羌族和巴国的记录，最多时曾带领一万多人出兵。这些记录同时显示，妇好不仅是当时最为杰出的将领之一，也是中国第一位女军事家。而武丁对妇好的重视，也从妇好同时负责重大祭祀并拥有自己的封地上可见一斑。

◎《丙》247
A甲申卜，㱿贞："妇好娩，嘉。"王占曰："其惟丁娩，嘉；其惟庚娩，弘吉。"
B三旬又一日甲寅娩，不嘉，惟女。

第四章

阅读：一起来认识甲骨文吧！

汉字的寻根探源之旅

甲骨文是目前发现年代最早的中国文字，虽然还保有着相当浓厚的图画性质，但是基本上已经符合中国文字造字和使用的规律——六书，也就是“象形”、“指事”、“会意”、“形声”、“转注”和“假借”，以上造字原则，皆可在甲骨文中看到，甲骨文可以说是相当成熟的文字。

郭沫若先生曾研究指出，中国文字发展到甲骨文时期，至少经历了一千五百年的历史。而中国文字从甲骨文、金文、小篆、隶书、楷书一路走来，基本的形体一脉相承，虽然书写方式有了改变，但构成逻辑还是相同的，所以即便是没有接受过古文字学专业训练的人，也多少能够分辨出几个简单的甲骨文。

不过，我们终究去古已远，对于很多文字被创造的基本动机，也就是它的原始意义，已经很难明了了。尤其许多字的背后其实隐藏了许多当时社会的风貌和内涵。

幸亏在三千五百多年后的今天，甲骨文终于重见天日，也经过许多学者的研究和解读，让很多原本已经面目模糊的文字，又被清楚认识了。下面我们就介绍几个具有代表性意义的甲骨文，让大家来了解它背后真正的意义吧！

壹 人体篇

造字是为了说明事物，而最常用的应该就是和人相关的字了。从五官、肢体、行动……这些造字，从自身出发，象征着人最初认识自己和身体的样貌与方式。

人

说到人体和与人相关的事物，第一个字当然要来谈谈甲骨文的“人”字怎么写。

其实“人”的字形变化不大，甲骨文的“人”也是两画，各一长一短笔。但是请不要看轻这两个笔画，因为它可是很写实地把人类的形状描绘出来了。左边短的笔画是表明人类有双万能的手，右边长的笔画则是表示人类长长的躯干，而且因为是侧身站着，所以只看到一边的手臂和身体。而且整个“人”字是直立状的，正可表示出人类是站立行走的动物，可见我们祖先的观察力多么惊人。

“人”字随着历史慢慢发展，成为现在这个模样，很多人在写字时已经忘记“人”字最原始的造字意义，于是很容易写成均等的一撇一捺，现在明白了之后，千万记得“人”字的两划是不等长的，否则我们就变成手脚等长齐走的猩猩了。

子

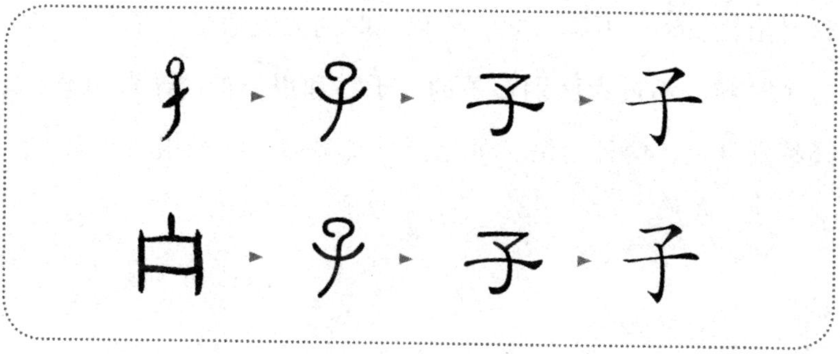

我们都知道“子”有孩子的意思，“儿子”、“孩子”和“孙子”都是指人的后代、人的孩儿，那么这个代表孩子的“子”，在甲骨文中是什么样子呢？

先来看看甲骨文的“子”字形，上头作一个圆圈或一个方形，下方则呈十字状，这像什么呢？其实很简单，只要大家想象一下小婴儿的样子就会恍然大悟了。没错，“子”就是刚出生的小婴儿那大大的头，挥舞着双手，而下半身被布被紧紧包裹着的模样。

只要是人，都是从婴儿开始成长的，因此代表后代子孙的“子”，自然也就以小婴儿的模样作为造字本义了。

在甲骨文中，还有另一个“子”字，和儿子的“子”不同，这是专门表示地支“子”的专用字。

后人有这样的解释，在十二地支之中，“子”代表十一月。这时阳气发动，万物滋生，所以当时的人就假借“子”字称呼这个时候。不过为区别孩子的“子”和甲子的“子”，商代人还特别分化出两种写法，可见当时文字书写已经相当严谨了。

女　若

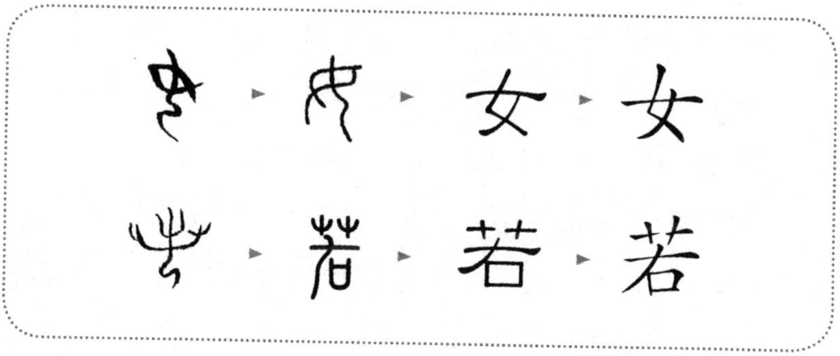

甲骨文的“女”字，是一个跪坐且双手交叉的人，其实这个形状比起“人”的形象还更加生动、活泼呢！

“女”字之所以采用跪坐以及双手交叉作为造字元素，推测原因，大概跟商代女人多半居家跪坐着工作有关。过去常有人以为，“女”字跪坐是服侍男子的意思，但其实并非如此。中国人的跪坐历史非常悠久，在椅子发明以前，无论男女多半都是跪坐的姿态，所以“女”字的跪坐其实没有什么男尊女卑的意涵。更何况，商代女性还能带兵打仗、巡视国家边防，她们可是一点也不输当时的男性呢。

讲完了跪坐着工作的“女”，我们来谈谈同样跪坐着，但却在梳理自己头发的“若”，这是个很有意思的字。现在我们常把“若”使用在“假若”“若是”等假定的语词上，但是从甲骨文的字形中可以发现“若”是一个人跪坐着，正在顺理自己头发的模样。

换言之，最早的“若”其实是顺理的意思，同时也因为“顺”的意义而衍生出“吉顺”的意思，所以在卜辞中有“有若”“不若”的占问，就是在卜问这件事情会不会顺利的意思。

虽然甲骨文也不是完全没有“若”当作“假如”的意思，但是非常少见，不过随着时间的推移，“顺理”的意思被后来出现的“顺”取代了，反而是原本比较少用的“假如”的意思成为现在“若”的主要用法。

元　自

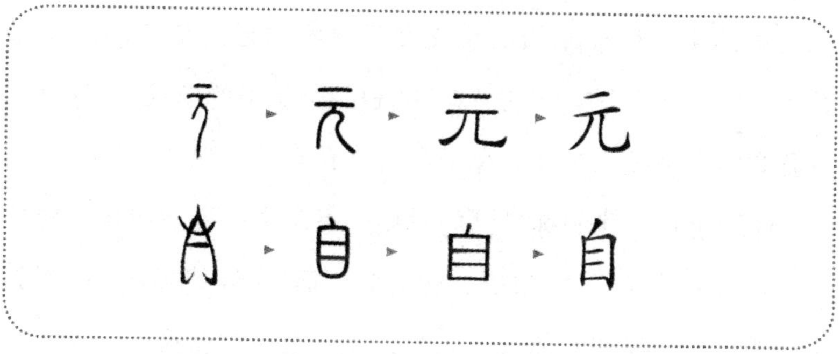

国家领袖常常被人称呼为“元首”，但是不知道大家有没有想过，“元”和“首”是什么意思呢？

最早“元”和“兀”是同样一个字形，就是在“人”字上方多加一个填实的圆点，以强调“人头”的部分。后来因为填实的圆点比较难写，用刀子也无法契刻出来，于是圆点又变成了一横画，成了现在的“兀”字。但是上方变成一横画的“兀”字，似乎就失去了原本强调“人头”的特色，于是聪明的先人又在“兀”字上方加上一短横，以指明“人头”的部分，也就成了甲骨文的“元”字。正因为如此，“元”有人头的意思，像是在古书常见的“丧元”“归元”就是指失去人头以及归还人头。而一国的“元首”就是一国的顶头，自然是指国家领袖了。

讲完了头，再来说鼻子，现代是个自我主义的世界，人人都对自我非常重视，那么自己的“自”是什么意思呢？这是存在已久的字，但最原始的意义并不是指自己。从字的演化来看，可以发现甲骨文时的“自”就是一个鼻子的形状，有鼻梁、鼻翼和两个鼻孔。为什么鼻子和自己会有关系呢？

仔细想想，我们称自己的时候，不是会把手指向自己的鼻子吗？古人称自己为“自”，称你为“而”（鼻子下方的胡须）。这样的认知自我和对他人的联想，不是很有意思吗？

目

现在的人一定很难想象，我们常用的“目”字是一个象形字，原本就是一只眼睛的形状。

其实“目”这个字从甲骨文到小篆，甚至到楷书的变化并不大。《说文解字》说：“目，人眼。象形。重，童子也。”这是在说“目”中间的两横是指眼中的瞳孔，即眼球，甲骨文有时还会在中间加上一点，以标明这就是眼球呢！不过因为现在楷书的“目”字，经过线条化，又把字形竖了起来，因此比较难以联想，但是只要看看甲骨文的“目”字，想必就可以“一目了然”啦！

眉

我们常常形容美女有对美丽的“远山眉”“柳叶眉”，形容夫妻感情融洽为“画眉之乐”。眉毛对人体而言，虽然不是具有明显的功能，却是能影响一个人容貌的重要部分，因此这里就来谈谈“眉”字。

甲骨文的“眉”字相当有趣，是一只眼睛再加上如同毛羽的笔画，说明这是长在眼睛上的毛，这是一种合体象形文字。如果仔细观察甲骨文的“眉”字，会觉得这个字呈现的样子，比较像现在所说的眼睫毛，而不完全是眉毛，不过其实在商代人眼里，凡是长在眼睛上的毛都称作“眉”，并没有眉毛和眼睫毛的差别。

取　步

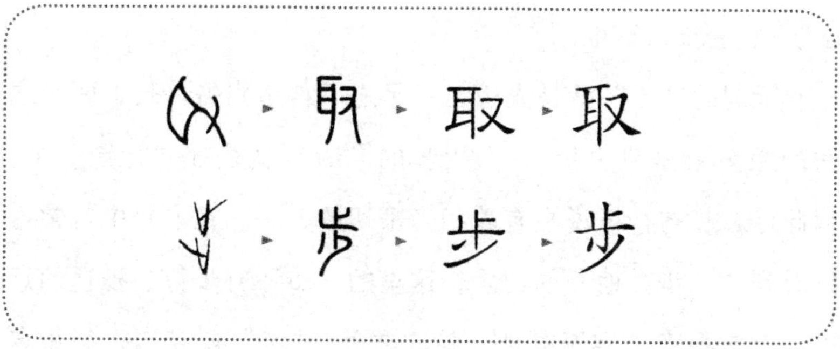

说完了五官，来谈谈四肢，大家都知道用手拿称为“取”，我们常将“拿取”当作一组词汇使用，但是“取”作为一个动词，它的造字本义又是什么呢？

其实甲骨文的“取”字和残酷的战争、狩猎有关。或许不少人曾经在新闻或介绍文章中，了解到台湾布农族原住民有所谓的“射耳祭”或“打耳祭”，用射鹿耳的过程象征族内狩猎精神的传承，因为过去猎获野兽的英雄，会将野兽的耳朵割下来，作为战胜的代表，而商代人也是如此。

所谓的“取”就是从这个概念造字的，右手拿着一只耳朵，说明捕取野兽或是敌人，然后渐渐地发展出“拿取”和“嫁娶”的意思，所以卜辞中会有“取马”“取牛”，甚至是“取女”的词汇出现。

说完了手，再往下看就是脚。我们来谈谈由脚构成的字：“步”。甲骨文的“步”是由一左足和一右足构成的。《说文解字》说：“步，行也。”

所谓的“步”就是人迈出一足之后再迈出另一足，两足之间的距离就是“一步”，而迈步的同时也就是在“行走”了，因此足、步与行可说是有着相当密切的关系。在卜辞中常常可以看到“王步某地”的记录，这里的“步”有步行、抵达的意思，就是指商王到了某地。除此之外，“步”还有当作祭祀名称的用法，只是究竟具体的祭祀仪式又是如何？就待学者专家的研究了。

齿　疾

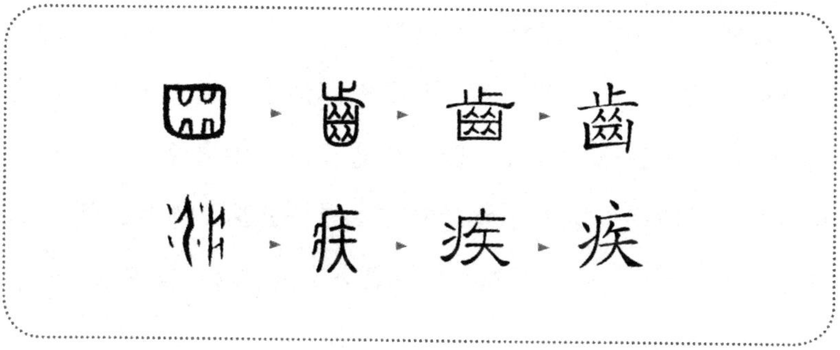

每天早起睡前都得刷牙，这是一个相当基本的卫生习惯。但是当我们在刷牙的同时，不知道大家有没有想过，商代人是怎么称呼“牙齿”的呢？

其实只要看甲骨文字形就会明白了，商代人是用“齿”来称呼牙齿的。“齿”在甲骨文的构形非常简单易懂，就是一个口字，并在口里画上几颗牙齿，也就成了“齿”字。后来随着文字的演变，口腔里的方形牙齿，变成了较易书写的“人”字，而上方还加上了一个声符“止”，来标注“齿”字的发音，于是成了今日的“齿”字。

有趣的是不只现代人常常为牙痛所苦，商代人也有这个烦恼。卜辞里有不少商王“疾齿”的占卜，可见即使是高高在上的商王，也会因为牙痛得受不了，而请求贞人占卜牙痛会不会好呢！

谈完了“牙痛不是病，痛起来要人命”的“齿”字，再来谈谈真正的病——“疾”字。人难免都会生病，古人称生病为“疾”，这个字的来源是什么呢？甲骨文的“疾”字，左方有一人形，人形四周有数个小点，右方则是一张床，乍看之下，似乎有点匪夷所思，但是把这个字形转九十度，就会发现这是一个人躺在床上。

其实商代人在一般生病时，是不会躺在床上的，大部分都是躺在草席上。那什么时候会躺在床上呢？就是濒临死亡的时候。古人为了方便搬运死者的尸身，通常都会在病患将死未死之际，将他移运到床上，又因为恶疾缠身，所以躺在床上之人还会大汗淋漓，从这个字形是不是感觉到危及生命的“疾”非常可怕呢？

贰　方位篇

从具体的人体到抽象的方向，字的创造说明了人如何定位自己的位置，到底商代人是怎么辨别方位呢？上下、左右、东西又是怎么被划分出来的呢？且让我们一一说分明之。

上 下

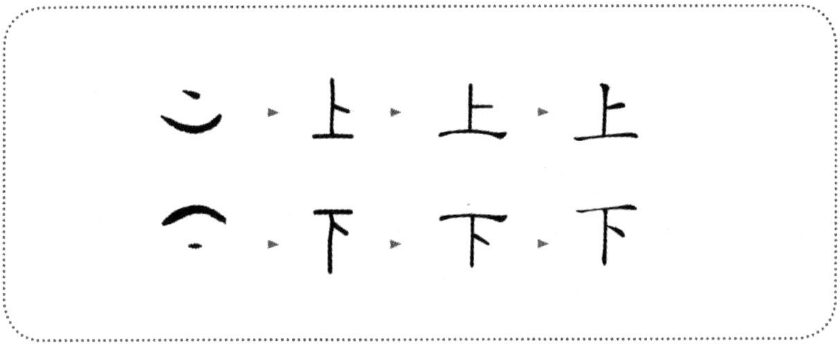

大家都知道，甲骨文虽然是很成熟的文字，但大多数的字却往往左右不分、上下等同，不过有些字还是有区别的，接下来就介绍一组上下有别的字，即“上”与“下”二字。

翻开《说文解字》会发现小篆的“上”和“下”长得和楷书很像，但其实这两个字形却是许慎一时糊涂而搞错，真正的“上”“下”并非长得如此。

来看看甲骨文的“上”“下”，相信很快就能明白这两个字的造字原则，“上”就是一长横上再加上一短横，以指事的方式告诉人们，长横之上就是“上”；至于“下”呢？那也很好理解，是一长横底下加上一短横，说明长横之下就是“下”。

现今的“上”“下”其实也还是遵照这个原则，只是在长横和短横之间加上一竖笔而已。虽然“上”“下”是两个抽象概念，不过先民们仅用两笔就分别把两种概念表现出来，是不是非常有效率呢？

左 右

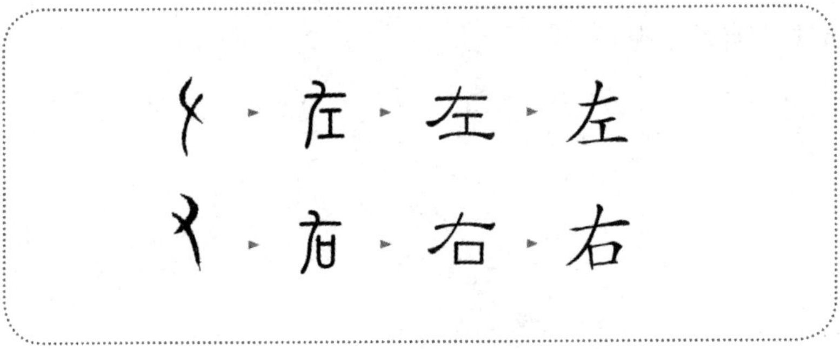

介绍完“上”和“下”二字之后，再来介绍另外一组有意思的字：“左”和“右”。

尽管甲骨文经常左右不分，但“左”“右”两字却有区别的，它们的构形基本相同，都是一只手的形状，当这只手朝右边时，指的就是“右”；当手朝向左边时，指的就是“左”。

不过商代人因为惯于写字左右不分，因此偶尔这两个字的方向也会混乱，这种时候就要靠前后文来判断了。

甲骨文的“左”“右”字形虽然简单，但包含的意义却很广泛。“左”除了指方向以外，还有“辅佐”的意思，而且这个意思有时比方向更常使用。

至于“右”则有更多意思，有指左右之“右”、有无之“有”以及保佑之“佑”，在甲骨文里最常看到的是“有”和“佑”的用法。所以看到甲骨文的“左”“右”时，记得要先好好看一下前后文，再判断是什么意思啊！

中

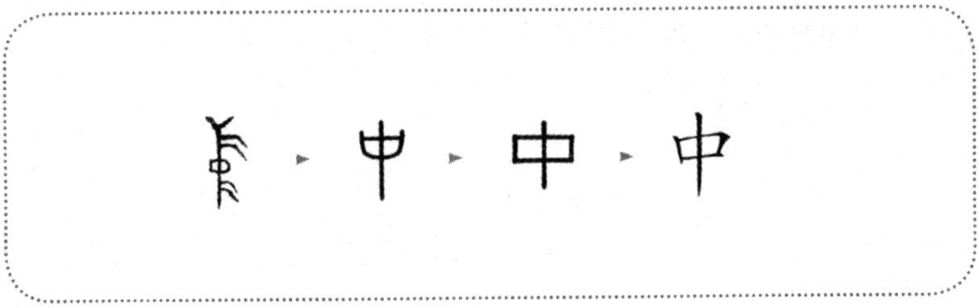

人们常常谈到“中华”“中国”“中央”，这些“中”都是从方位“正中央”而来的，那么甲骨文有没有“中”呢？

甲骨文是有“中”的，看起来像不像一面旗帜呢？旗帜代表的是军队的旗帜，两军对峙时，中间的非军事地带即为“中”。

不过甲骨文的“中”还有几种意思：首先是“仲”，就是古代伯仲的仲，代表第二之意。

其次是“中间”，卜辞有“中日”一词，指的就是一天的中间，等同于我们现在所讲的“中午”。

最后还有一个特别的意思，就是指“旗子”，这时候的“中”会在竖笔的上下处，再添加“～”造型，说明随风飘逸的旗帜，所以卜辞可见“立中”。古代没有广播系统，因此乡村里有重要事情宣布时，就会树立旗帜，村民们看到旗帜，就会自然而然地聚集到旗帜底下，以方便领导者宣布事情。

甲骨文的“中”字原本拥有这么多意义，但随着文字愈造愈多，“中”的意义也逐渐被派分出去，久而久之，就形成了现在只剩下方位义的“中”了。

东 西

我们常说“东西”，“东西”除了指方向之外，也指一般物品的泛称。

现在看到“东”，第一个反应相信就是“东方”“东部”，这些词汇都是从方位词“东”过来的，商代也已经有了东、西、南、北四大方位的概念，只是“东”的造字原则却跟方位没有关系。

先来看看甲骨文“东”的字形，“东”可以分析成一根笔直的木棍，中间两弯笔交错而成的圆圈是一个包裹，而包裹上面的叉叉则是捆绑用的绳子。古人出远门时为方便携带，会将行李包成“东”的模样，这就是“东”字的本义。但是到了后来，作为行李字义的“东”被“橐”字取代，于是“东”就只剩下了方位的意思。

再仔细看看“西”的字形，看起来像不像旅行用的行囊呢？看到这里，是不是觉得“东”和“西”的造字原则很像呢？没错，它们都是远行用的行囊，只不过“东”是用绳子绑住，再加上棍子固定的行囊，至于“西”则是只用绳子绑住、封口束起，拎在手上的行囊，就像我们今天常用的包包，有的会背在肩上，有些则提在手上，“东”和“西”正是这样的差别。这两个字不仅造字原则类似，连演变的命运也相同，“西”到了后来也逐渐失去了行囊的意义，而被假借成方位词来使用了。

叁 自然篇

一个人一旦站定了位置，就会开始看看四周的环境，可能是有形的山水大地，也可能是无形的风起云涌，到底古人是怎么看待大自然的呢？就从自然现象的造字来看看吧！

日

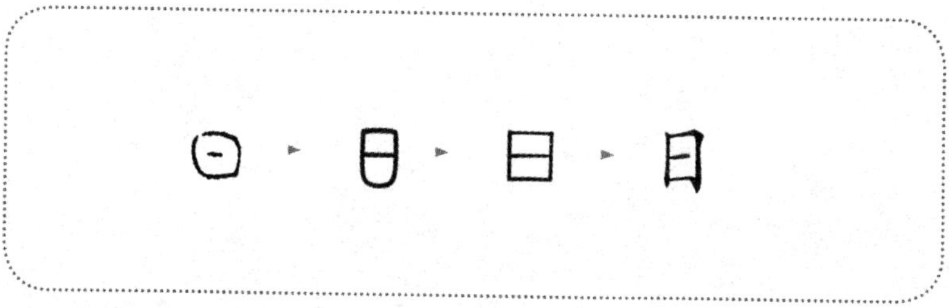

太阳是人们每天都会看到的，象征希望和朝气。从久远开始，古人就喜欢登高观日，尤其是日出之时更令人充满希望。这个习惯至今仍然存在，像是登阿里山观日出就是一项很热门的活动。

其实早在殷商时期，甲骨文就有“王其观日出”的占卜，内容便是卜问王是不是应该去看日出。不过商代人观看日出并非和现代人一样纯粹为了新奇好玩，实际上是出于对太阳的崇拜，因此除了观日出以外，还有祭拜太阳的典礼。

至于甲骨文的“日”字是如何表现的呢？最普遍的形状，

是在一个圆圈之中加上一点，就成了最原始的“日”。

但是别忘了，甲骨文是用刀子契刻而成的，所以要用刀子刻画出完满的圆形其实相当麻烦。于是为了方便，“日”字外围的圆圈就逐渐演变成正方形或长方形，至于中间那一点，也为了方便契刻而变成横画，于是就出现了我们现在经常写的“日”字了。

月　夕

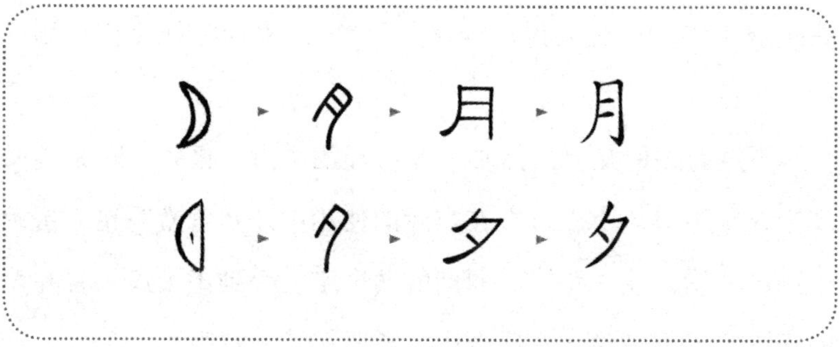

在甲骨文里，月也是象形字，非常好辨认，它的形状就是一轮弯弯的新月。

古人说：“月有阴晴圆缺。”是的，月亮的确也有圆满的时候，只是相较起来，缺的时候多而圆的时候少，加上太阳也是圆圆的，因此缺角的弯月反而成为月亮的特征了。

甲骨文中的“月”代表两个意思，一个指月亮，另一个指每三十天为一个月。当月成为历法的专有名词之后，就变得有点困扰了，因为这样一来，有着月亮的夜晚和每三十天为一个单位的“月”，都得用同样的字形来表示，不清楚的人恐怕很容易搞混吧！

于是聪明的先人，就决定在“月”中加上一点，就变成了“夕”。这样就分成了两个字，只有一弯新月造型的“月”，代表历法上的计量单位；而一弯新月里面加上一点的“夕”就是指夜晚了。所以古人说“今夕是何夕”，也就是问今夜是哪一晚啊！

不过有趣的是，虽然月和夕已经用了点来区别，可是这两个字还是很像，所以古人在实际的使用中还是常常写错。更没想到这一错，就一路错成颠倒的两个字。等到了秦汉，月和夕的字形固定下来时，月反而比夕还要多了一点呢！

云　虹

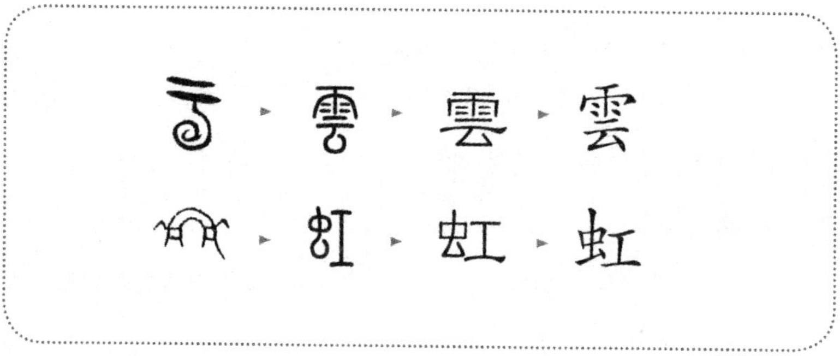

说完了太阳、月亮，现在来谈谈天空中也很常见的“云”。其实，甲骨文的“云”字非常容易明白，两个横画下加一个曲笔，就是现在的“云”字。

早在商代，代表云的字是“云”，但是后来“云”字被借用为说话的意思，所以我们用古文形容“某人说话”会说“某某云”。然后“云”作为白云的意思就逐渐消失了，取而代之的则是加了雨旁的“雲”字。这个字之所以加上雨旁，就是要和“云”做区别，要告诉我们“雲”所代表的是那个天空上会下雨的白云和乌云，和表示人讲话的“云”不同。

同样是天空的景象，除了云朵，最让人印象深刻的，莫过于每当大雨过后，太阳出来之际，天空彼端常常出现的一道美丽的彩虹。看到彩虹总是令人感到欣喜，许多民族也因此孕育出不少与彩虹有关的传说。那么商代人看到彩虹又是什么样的反应呢？

甲骨卜辞中可以看到代表彩虹的“虹”字，两端有类似“龙头”的形状，中间是由两笔形成的一道弯弧，恰似我们今天看见的彩虹。

曾有一片卜辞，在占卜“虹”会不会到湖里喝水的事情。从这里看起来，商代人可能是把彩虹想象成一种动物，又因它在大雨过后才会出现，所以看起来就好像正在追着水喝。虽然我们现在很清楚彩虹只是一种自然现象，但是看到先民如此描绘彩虹是不是觉得很浪漫呢？

风　雨

“风”对许多甲骨学者来说，是个非常重要的研究焦点，为什么这么说呢？我们就先来谈谈“风”的字形吧！甲骨文的“风”其实写作“凤”，商代人所谓的“凤”到底是什么动物，现在还搞不太清楚，但大约是孔雀一类的动物。“凤”因为跟“风”的发音很接近，所以被借去用为“风”的字。

甲骨卜辞中，有一片卜辞叫作“四方风名”，甲骨学者发现商代人不仅已经有了东、南、西、北风以及四方的概念，并且依照这些风的特性取了不同的名字。从这里可以知道，商代人对“风”已经有了相当深入的了解，这或许和他们逐渐迈入农业社会有关，同时在甲骨上占卜“风”，也表示商代人对“风”有相当程度的尊敬和崇拜。

说完了风，我们来说说雨，下雨是非常易见的自然现象。古老的甲骨文很早就把这个自然现象，化为一个神奇的文字，使人如临其境，一目了然。

甲骨文的“雨”，上部有时作一横画，然后加上下面的雨点；有时则将横画与雨点连接在一起，下方再加上三个雨点，横画代表着阴天低沉的云气，而雨点或大或小、有多有少，有时整齐，有时纷乱，就仿佛雨天也有各式各样不同的形貌。

除此之外，商代人对于“雨”的观察也很细致，甲骨卜辞中有不少询问是否会下雨的占卜，而这些占卜还会更详细地询问“会下什么样的雨”，因此可以看到很多商人对雨的称呼，例如大雨、小雨、延雨等等。由此可见，古人的观察力可是非常精确而且细致的呢！

山　水

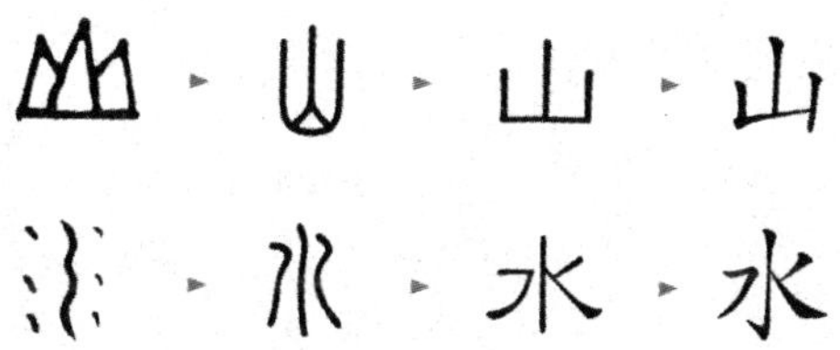

看到甲骨文“山”字的人，想必都会会心一笑，因为“它”如此写实、如此具象。与其说这是个“山”字，更不如说是幅描绘着远山的图画，山峰连绵，马上就让人想起中央山脉那种过了一个山头后面又有一个山头的景象，而先民想必也是看了这样的景象，就想到要以它来造字。

到了现在，“山”字的变化依然不大，只是那三座山峰成了三竖笔。但是那中间高耸、两旁低矮的意象，却还是保留在现今的“山”字当中。由此看来，是不是很佩服先人总是能用几笔画，就把一幅美好的图像留住，变成流传千年的文字呢？

除了壮阔的山，水的甲骨文也是让人一目了然、一望即知的，你说这看起来像不像水流从崎岖凹凸的岩石峭壁上向下奔流飞溅的样子。从前的人没有自来水，要用水就得从瀑布和河川中取得，所以对水的概念，也是从流动的河川及泉水来的。“水”字即使到小篆时期，仍然看得到水的流动感，直到隶书时期才有了比较明显的变化。

肆　动物篇

虽然人类是万物之灵，不过如果少了其他动物的陪伴，那样的生活还真是令人难以想象。上古时期到底有哪些动物活跃一时呢？它们又在当时的人们心中拥有什么样的位置呢？一起来看看吧！

象

 ▸ 象 ▸ 象 ▸ 象

象，是这个世界上体积最庞大的动物之一。在现今亚洲人心里，象是只存在于非洲与印度的大型动物，但其实早在商代，象群就在中国的大地上奔跑过，更与商代人们一同生活。

殷商时期，位居中原的河南地区是象的家园，在“安阳考古队陈列馆”中，就有一只颈上带有铜饰的小象，见证象存在的痕迹。而河南的简称“豫”，其实就是盛产象的地方之意。

在商代的青铜器上，曾被发现铸有一个“象”字。但相信凡是见过的人，都会认为与其说它是个“象”字，不如说是个象的图案。相比之下，甲骨文的“象”字就显得线条化许多，

但仍然保留了那长长的鼻子，可以说，虽然简单，却相当传神。

到了金文时期，象的身躯就不再那样写实了，只留下鼻子部分可供辨识。至于现在的“象”字如“免”字上头的部分，就是象的鼻子和头部，以下当然就是象的身体啦！虽然已与甲骨文相去甚远，但整体来说，现在的“象”字还是保留着象的形体。

牛 羊

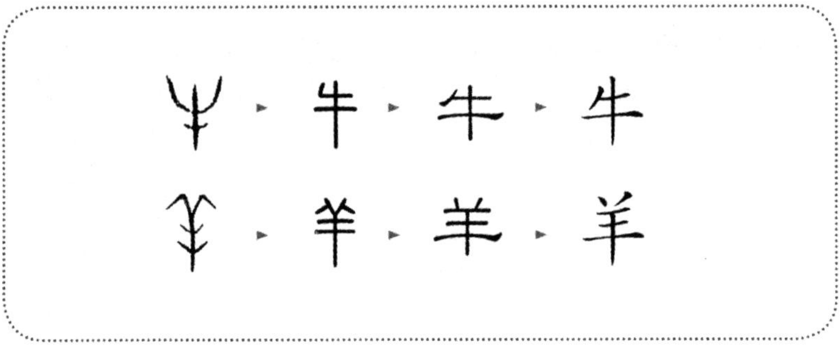

相信大家对牛并不陌生，早期农村社会最亲近的动物或许不是狗，而是牛，更何况中国以农立国，与牛的关系自然是源远流长。早在商代，就已经有人类畜养牛的记录了。而甲骨文中的“牛”字，更常常出现在卜辞里。甲骨文的“牛”选用了牛正面头像造字，因此我们可以清楚看到牛角、牛脸以及牛耳。

为何卜辞中会常常看到牛呢？因为牛在商代人眼中，是非常重要的祭祀牲品。商人们祭祀祖先时，常会杀各式各样的动物来祭拜。其中祭拜最重要的祖先，尤其是过世的商王时，就会使用大量的牛来祭祀，而且这些牛在祭祀完成后，就立刻被掩埋掉，并不像现在祭祀后仍是桌上佳肴。

而羊和牛一样，在商代可以说是同样重要的动物，造字原则也很类似，都是取动物头部的正面来造字，因此“羊”和其他动物最大的不同，就是头上那对犄角了。凡是看过羊的人，一定都知道，羊犄角的最大特色就是会弯曲，无论是绵羊还是山羊都有一对弯曲的犄角，因此甲骨文的“羊”字也强调这个特色。那为什么说羊是商代很重要的动物呢？因为羊和牛一样都是商代人时常拿来当祭祀牲品的动物，只是羊的等级稍微低一点，主要用来祭祀地位比较低的祖先或神明。

商人为了大量获取羊和牛，也会自行饲养这些动物，这些被饲养的羊和牛称为“牢”。虽然我们现今看到的“牢”字底下从牛，但是甲骨文的“牢”可是有从羊和从牛两种噢！

犬

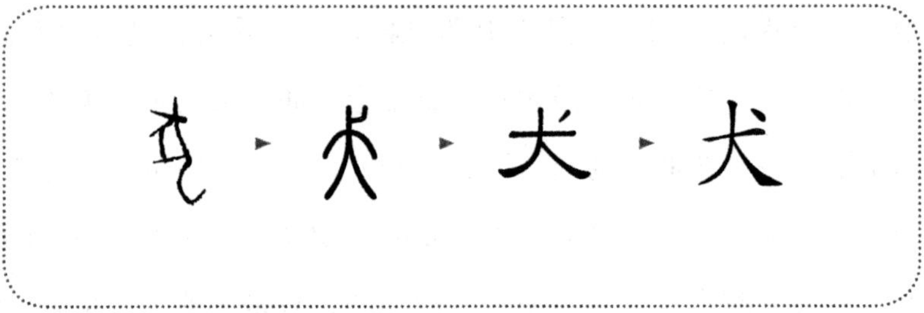

人们常说：“狗是人类最忠实的朋友。”我们回顾一下人类的历史，就会发现人和狗之间的亲密关系，早从商代就开始了。

商代甲骨文中有“犬”这么一个字。这个“犬”字就是描绘狗的侧面，只要横着看，就可见其腹瘦尾卷的造型，看那条长长翘起的尾巴，不正是一只小狗对着你摇尾巴吗？

甲骨文中的“犬”和“豕”的写法其实很像，犬是狗，豕则是猪，两者写法的差别只在于犬形体瘦长，有长尾巴，而豕的形体较宽，只有短短的小猪尾巴。看来狗和猪的区别，从字就可以看到。

商代人虽然养狗，但是商代的狗却不像现在的狗那样养尊处优，被当成心肝宝贝，百般宠爱。当时的狗除了要协助主人狩猎以外，还会被当作祭祀祖先的牲品。正因如此，商代人需要豢养大量的狗，为了管理这些商王朝的狗，甚至还发展出“犬官”这种专门负责管理狗的职官。

考古学家在发掘古墓时，如果发现主人的骨骸下方有一只狗骨，那这古墓很可能就是商代的，因为当时的人们习惯带着“爱犬”一起上天堂。还真是生死不离的友谊啊！

虎

虎，威武凶猛，令人既害怕又敬畏。甲骨文中的“虎”字是非常典型的象形文字，虽然有繁化和减省的两种形体，不过都很鲜明地描绘出老虎张开的大口以及锐利的尖爪。若是仔细看的话，则会发现繁化的虎字，还画出了老虎身上的黑色条纹呢！

“虎”字从甲骨文到现代楷书的形体变化不大，隶变后的“虎”字虽有改变，但头部尚存少许虎味，而且始终保有凶猛威武的意涵。所以无论古人或今人都很喜欢用“虎”字来表示雄壮威猛的意思。

例如古代有虎臣、虎贲，这是用虎来表示战士、侍卫的威猛刚强；又如虎门、虎丘、虎牢等地名，多半是形容此地老虎很多或是地形险峻。甚至像“武松打虎”这类的故事，也是借由打虎这件事情来突显武松的威猛强大。又有“伴君如伴虎”这样的谚语，说明为人君的喜怒无常，叫人又敬又害怕。

狮、虎都是令人害怕的猛兽，但是狮子生长在热带的沙漠，老虎的活动范围则从北方的西伯利亚一直到东南亚，跨越整个亚洲。正因为虎在商代人的日常生活中常常出现，所以早早就有了甲骨文的形貌，因为商代人没有见过狮子，当然，也就没有“狮”字。

鸟

甲骨文的“鸟”字，与其说它是个文字，倒不如说是一幅鸟的图案。虽然甲骨文的“鸟”字有繁复和简单两种造型，不过对于鸟的描绘都很写实。

看这个字是不是无论眼睛、鸟喙、羽毛、爪子都栩栩如生呢？仿佛是后现代画家画出来的一幅图案，就算是毫不认识甲骨文的人，也能一眼就看出这是只“鸟”。而从小篆开始就和今天我们写的“鸟”字很类似了，原本很写实的眼睛、鸟喙和羽毛都更加线条化，书写上也方便许多，有种渐渐从图案过渡到文字的感觉，如果再继续线条化下去，就能发觉楷书的“鸟”形正在慢慢形成呢！

鱼

谈到“鱼”这个字，乍看之下，甲骨文和现今的楷书似乎有着很大的差别，但其实并不然。

先来看看甲骨文的“鱼”字，相信所有人都会觉得：就是画了一条鱼嘛！没错，甲骨文的“鱼”字就是按照鱼的形体创造的，与其说它是文字，不如说更像一幅图。至于我们现今写的“鱼”字也是从甲骨文的字形演变而来，鱼字上部其实就是鱼头，中间的“田”形是鱼的躯干，下方的“灬”是鱼尾演化而来的。这样一说，有没有发现今日的“鱼”字其实也长得很像真正的鱼呢？

龙

在此要谈一个甲骨文中比较特别的字——“龙”。一直到今天，龙在中华文化中都享有独特的地位，这种传说中的神兽，被视为天子的象征，可是龙到底是怎么出现的呢？

在现有的甲骨卜辞中，学者通过前后文意的解读，发现了甲骨文字中有“龙”这么一个字，它的造型很特别，前方有个弯曲的头部，身体呈卷曲状，无足，有时身体会画有鳞片，和后世所看到的龙的形象颇为相似。

从这么多的甲骨文字可以知道，商代人造字是很直观也很写实的，常常将动物的造型转化为文字。我们都知道“龙”是想象中的动物，那么商代人是真实看到了所谓的“龙”，还是在想象呢？假使龙是想象的动物，那么中国人对“龙”的崇拜从商代就已经开始了吗？学者对这个字充满了疑问，却没有更好的解答。

许慎在《说文解字》中说龙为“鳞虫之长。能幽能明，能细能巨，能短能长。春分而登天，秋分而潜渊”。看起来像是对爬虫类的形容，但爬虫类又如何登天呢？

不过，按照造字原则来说，商代人恐怕是真的看到了具有这种造型但今天已经不称作“龙”的动物了吧！那么大家不妨想想看，商代的“龙”究竟可能是今天的什么动物呢？

它

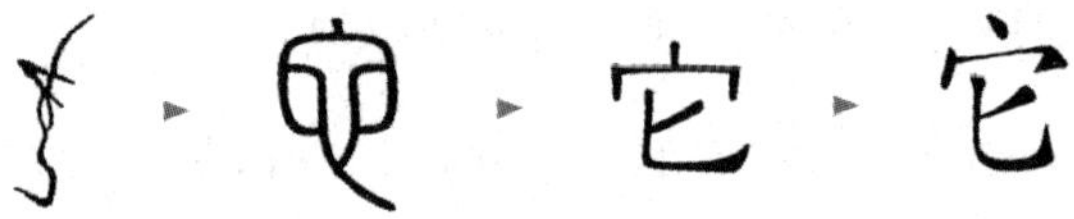

当人们看到蛇时，第一个反应多半是“好可怕啊”，但大家万万也没想到，我们常常用的“它”，其实就是蛇的原本形象。

翻开《说文解字》，看看小篆的“它”，是不是很像一只眼镜蛇正直直地瞅着人呢？其实“它”字上面的宝盖头并不是像“家”那样是个保护人的盖子，而是这条大蛇的头部。至于“它”那长长的最末一画，可想见这正是蛇那弯弯曲曲的身体了。至于金文的“它”和小篆的形象没有太大的差别，也是这么一个可怕形象。不过，相较起来甲骨文的“它”就没那么恐怖了。甲骨文的“它”虽然也强调蛇的头部，但简单的笔画，看起来就不那么写实，弯弯曲曲的身体也还是存在，只是稍不注意，可能会误以为是可爱的小蝌蚪。

人不小心踩到蛇时，脚趾被它给咬了，岂不是糟糕透顶了，所以在甲骨卜辞中，我们常常会看到商人占卜，问祖先神明会不会降祸害给后代子孙们，或者是问疾病会不会好，就会用一组词叫作“有它”“无它”。

这是在说什么呢？就是在问“有没有灾害”。可见商朝人看见蛇也是会很害怕的，以至于用“它”来代表“灾害”呢！

伍 植物篇

植物在地球上扮演很重要的角色，尤其在多台风天气的台湾，水土保持更是非常重要的功课，多亏树木用根部紧紧抓住土壤，才得以免除许多泥石流的灾难。不过，时空回到商代，当时人们心中的植物长什么样子呢？

木 林 森

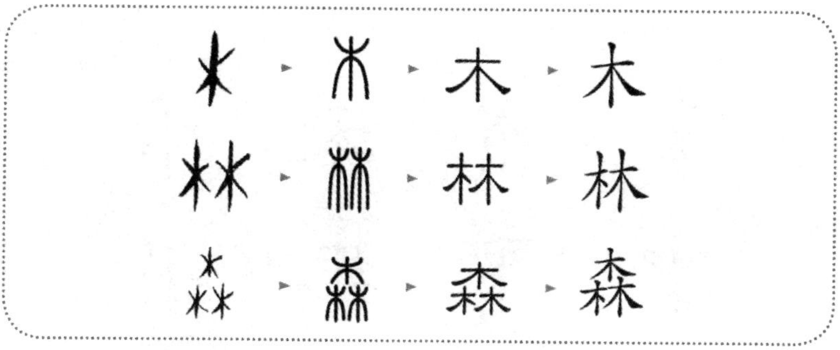

说到商代植物，我们可以先闭上眼睛想象，在还未受什么污染及开发的土地上，人们举目所见皆是巨大的森林树木的样子，而甲骨文中的树木是长什么样子呢？

首先，中间一根直通的竖画当然就是树干了，而上方两笔分岔自然是指树枝。至于下方两笔分岔，想必已经猜到了，就是树木的根部。后来的“木”字其实没有多大变化，即便是演变至今日的楷书，也能清楚看出由甲骨文发展而来的痕迹。聪明的先民仅用五笔就将一棵树的特色描绘出来，而今依然不曾改变。

知道了树木的写法，那么很多树的地方该怎么表示呢？先民用两个木，甚至三个木的排列，来说明数目的多寡，双木为“林”，而有五个木的“森林”当然就是满满都是树的地方了。

禾 果

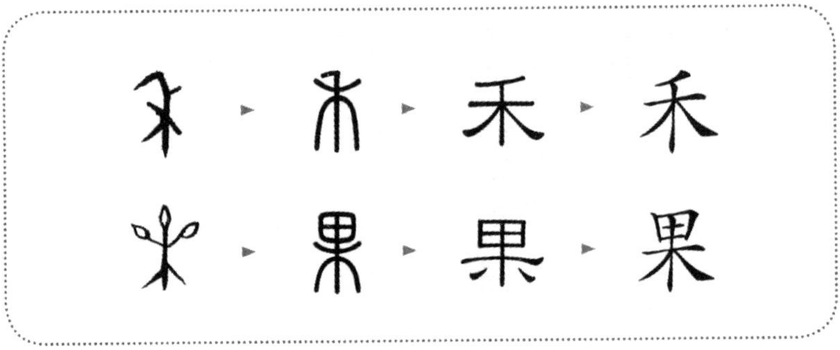

谈完了木，再仔细看甲骨字形图，是不是可以发现“禾”不过是在“木”的基础上，多加了一个笔画而已，那么甲骨文中的“禾”字，它的造字本义又是什么呢？

原来“禾”在商代人眼中就是代表谷子的意思。请大家回想一下，台湾嘉南平原每到收割的季节，那些黄澄澄、饱满垂下的稻穗是不是就像“禾”字上方那笔。虽然商代种植的谷物不像现在丰实饱满，不过可想而知，在收获的季节里，一定也是像稻穗那样下垂着。先民看到了这样的场景，自然把谷物的特色放进造字元素中，于是就出现了指称谷子的“禾”字了。

接下来再来谈一个与“木”有关的字，就是“果”。

“果”字也是在“木”的基础上演变而来，中间是个很明显的“木”字，只是上方再加上三个小圆圈，而这三个小圆圈就是长在树上的果实，有时为了更明确地表示，还会让“木”多长几根树枝，同时再多结几颗果实呢！那么为什么“果”会演变成今天这个样子呢？其实很简单，因为“果”字上方的小圆圈，用毛笔书写时很简单，但若是用刀子契刻就很麻烦了，因此有时候就会发现小圆圈变成了小方块，后来随着小篆、战国文字的演变，果实渐渐聚集在一起，于是成了很像“田”形的字头，变成了现在看到的“果”字。

米　黍

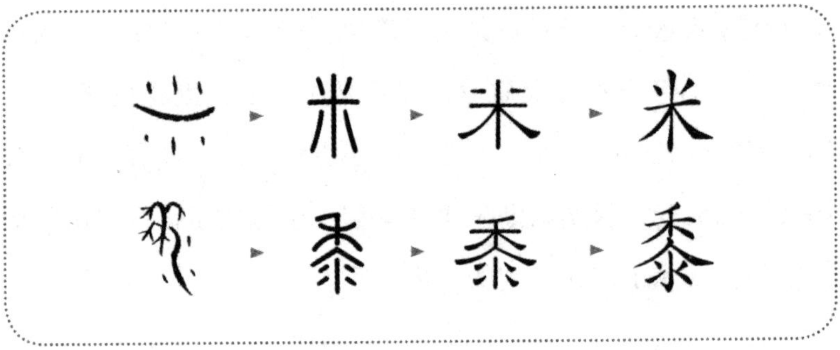

米是亚洲人的主食，即使西方潮流大盛，爱吃汉堡、面包的人不少，但是白米饭至今仍是许多人一天也无法离开的食物。既然“米”这么重要，那商代是否有“米”呢？

商代确实是有“米”的，只是和现代不同，商代的“米”其实是粟，也就是小米，但是现代的“米”指的却是稻米。为什么会不同呢？

只要看看“米”的甲骨文字形就会知道，“米”字中间一横划，是指小米的穗梗，而分布在上下两方的小点，则是穗梗上结满的穗子，不是稻米，所以商代人的“米”和我们吃的

“米”并不相同。

另外一个相关的字则为“黍”，现代大家看到“黍”字，可能第一个想到的就是玉蜀黍（玉米的别称），不过商代的“黍”可不是玉蜀黍啊！它的造字原则也和玉蜀黍一点关系也没有。

“黍”在商代是指一种可以酿酒的小米。大家都知道，商人非常喜爱喝酒，“黍”既然和酒关系如此密切，先民造字的时候自然不会放过了，来看看“黍”的字形。此字的上方是前面已经提过的“禾”字，下方则是写了“水”的字形，谷物何以和水有关联呢？

这里的水当然不是普通的水，而是谷物酿造的酒水，既然这种小米这么特别，可以酿造人们最爱喝的酒，那当然不能只用“禾”字来概括它了。于是商人就特别发明了一个字，来指称这种特别的谷物了。

陆 数字篇

数字，是我们现代生活完全离不开的事物，尤其是商业活动的兴盛，更显得数字的重要。那么，商代有没有数字呢？当然有的，以下就来介绍数字一到十和百千万。

一　二　三　四

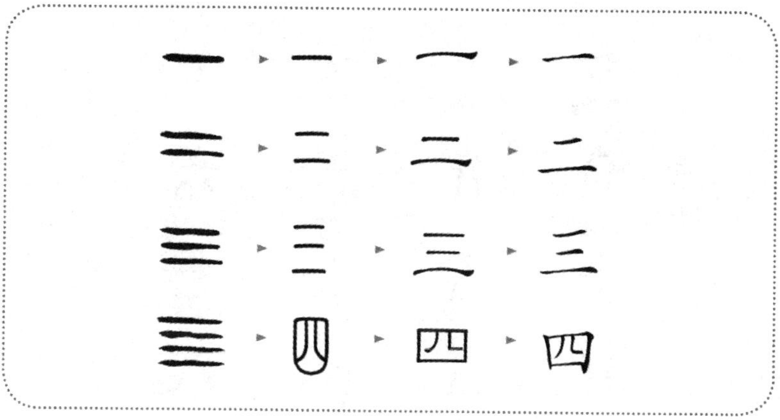

基本上，甲骨文的“一”“二”“三”和现在看到的字形没有什么不同，一横画代表“一”，两横画代表“二”，三横画代表“三”，简单明了，一看便知。不过，比较特别的是“四”这个字，甲骨文中的“四”仅用四横画来表示，显然就是一、二、三延伸而来的字，那么为何后来会变成现在写的“四”呢？大概是四和三都是多横画，所以很容易搞混，而且“四”的横画太多也不好写，于是到了春秋战国时期，就逐渐被现在所写的“四”给取代了。

五 六 七 八

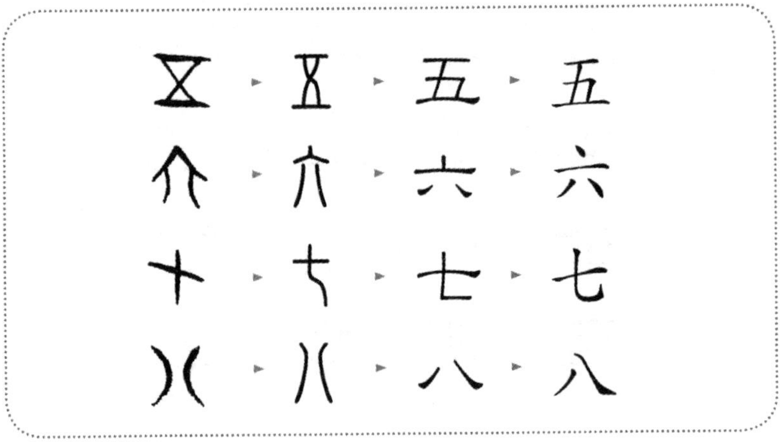

甲骨文的“五”和“六”看起来似乎和现在的用字不同，但其实仔细看看，会发现这两个字还是维持原来的样子。“五”在甲骨文中的写法，是两横画，中间打个叉叉。如果想着，右边的叉叉和上方横画分开了，慢慢降了下来，不就演变成今日的“五”字了吗？之所以会有如此演变，当然是为了书写方便的缘故，因为甲骨文的“五”字虽然容易契刻，但是拿起毛笔却不好书写，所以变成了今天的“五”。至于“六”字也很好想象，把“六”字底下的两撇和上半部分开，就是今日的“六”了。

甲骨文数字“七”，写法和现在相当不同，大家看看字形，是不是比较像“十”呢？甲骨文的“七”是一横画与一竖画，若不是放置于六和八之间，恐怕很容易就被错认。因此“七”发展到后来就在尾端多了一个勾笔作为区别，成为现在的“七”字。

而甲骨文的“八”字就算是没有学习过甲骨文的人也可以一眼分辨出来。它同样是分别两撇的笔画，只是甲骨文的“八”字笔画比较弯曲，而楷书的“八”字笔画相对笔直，这是书写工具的影响，为了写得更快更方便，于是就把弯弯的“八”字变成现在的模样了。

九

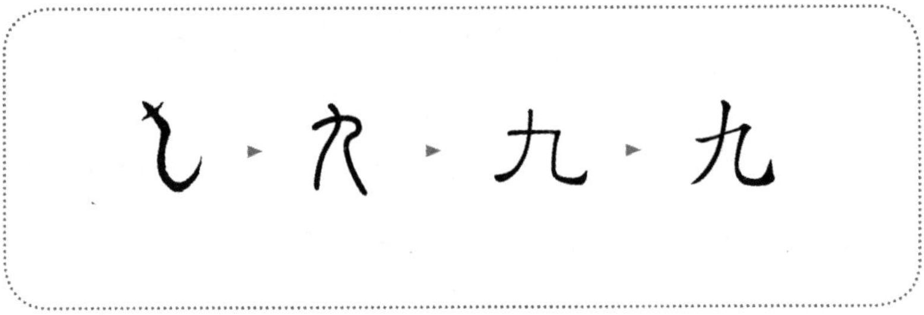

甲骨文的“九”字，造型很有趣，像是手形，下方却弯曲着。这个字的造字本义已经无法说清楚了，总之，在商代的时候就已经被当作数字“九”使用了。这个字形随着时间的推移，手部分的笔画被拉长拉直，但是下方的曲笔也被保留下来，于是就形成了“九”字尾端的勾笔。虽然乍看之下，甲骨文和楷书的“九”差别很大，但是若弄清楚它的发展过程，很快就会发现其实是同一个字形呢！

十

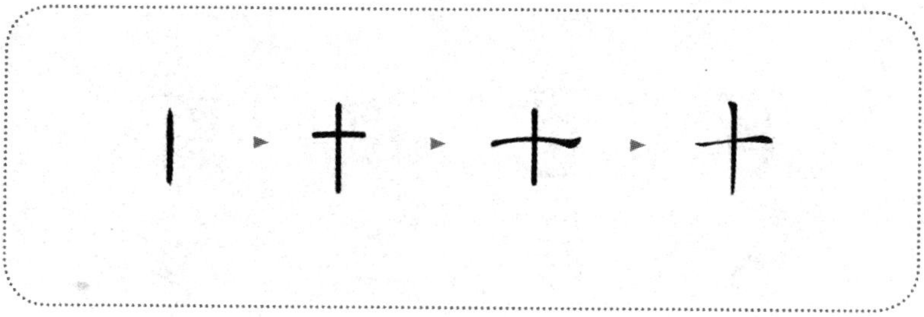

甲骨文的数字中，和现代写法最不相同的大概就是“十”字了。甲骨文的“十”字只用了一个竖笔表示，很像阿拉伯数字的“1”，这是指一根结绳完满的绳子。为什么会用一个竖笔表示“十”呢？或许和商代人的数学概念有关，从其他更大的数字来看，商代人显然已经有十进制的概念了，“十”代表着一个阶段数字的结束，另一个阶段数字的开始，或许是这个缘故，因此以收束的一竖笔来代表全数、满数的意义。

百 千

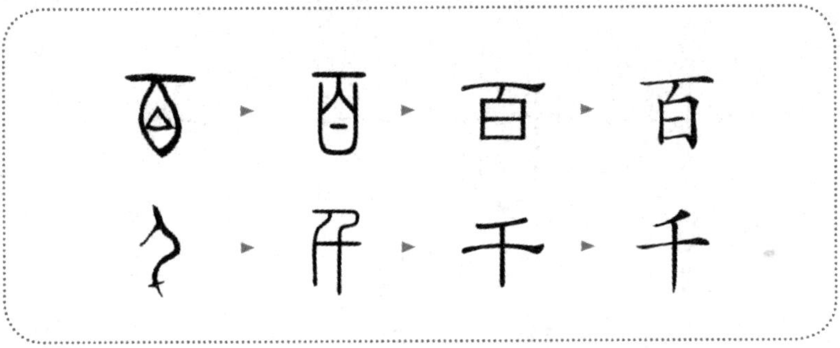

前面说“十”代表一个满数，是一个阶段的数字结束。接下来，谈谈另外一个阶段的数字——“百”。甲骨文的“百”字，从一从白，白的原意是指人头，而上面的“一”则是用以区别“百”和“白”的不同。

甲骨文中的“白”字其实已经不是单纯的人头之意了，更多时候被借作白色之白、伯仲之伯使用。同样，“百”字也不是一加上人头的意思，它早就被借作专门的数字“百”来使用。在卜辞中，我们常常可以看到诸侯贡献给商王以百计数的贡品，而且计数都是相当明确的，说明商代人早就存在“百”的概念。

说完了“百”，再来谈谈和它造字逻辑相似的“千”。甲骨文的“千”字，从一从人，不过它的意义也早就和造字本义没有关系，而是被假借为数字使用。

在卜辞中，可以看到商代人为了祭祀而宰杀“千牛”的记录，有的学者借此认为商朝是个富庶的国家，才能在一次的祭祀中宰杀数量如此庞大的牺牲，但也有学者认为这里的“千”并不是像“百”或“十”那样的实际数量，可能只是一个多数的泛称，所谓的宰杀“千牛”是指杀了很多牛的意思。

假设这种说法成立的话，那么商代人的详细计数概念可能只到“百”而已，不过因为卜辞记载的内容和数量有限，我们目前还很难推断究竟商代人所谓的“千”，是不是如同现今所认为的“十个一百”的概念。

万

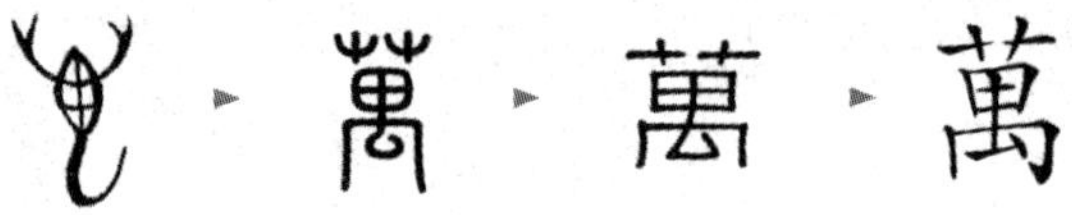

万是一个常用的数字，凡是要形容数量很多、范围广大或是程度之高，都离不开“万”字。这个人们常挂在嘴边的字，究竟本来是代表什么意义呢？大家一定想不到，这个用来形容极大极广的“万”字，原来是令人害怕、以毒著称的蝎子象形。蝎子产卵孵出的小蝎子数目众多，叫人看了觉得多到难以计数，所以借“万”以形容多。

在古老的甲骨文中，“万”字就是货真价实的蝎子形状。栩栩如生地将蝎子的头部、钳足、修身、屈尾的特征表现出来。蝎子又称钳蝎，特征就是拥有一对大大的钳足，身体能向前弯曲，尾端的刺内有毒腺，遭遇敌人攻击时，蝎子就会从毒腺分泌毒素，并以钳足反抗敌人，这也正是人们害怕蝎子的缘故。在商人居住的地区，蝎子想必随处可见，因此常用它为事物命名。例如卜辞里面就有一个地方叫作“万”，常常可以看到商王卜问万地是否有好的收成，显然这个地方也属于商王朝的管辖之内。

至于万被当作数字，则是透过“本无其字，依声托事”的假借而来的。从西周到战国的青铜器铭文里，经常可以看到“万”作为数字的例子，例如“其万年永用”、“子子孙孙万年永宝用”和“万年眉寿无疆”等等，这些都是说明作器者希望这个青铜器能得到永久的保存，或是借此得到长远的祝福。

“万”字不仅意涵深远，造型也很特殊，得到许多书法家的喜爱，因此只要平日多留心就会发现原始造型的“万”，出现在生活四周。世界上的古老文明，很多计数只能到十进制，而商代已有“万”位的数字概念，是很先进的计数概念。但对现代文明进步有很大影响的“0”，却是后来阿拉伯人发明的。

柒 器物篇

距今三千五百多年前的人，到底是怎么生活的呢？他们住什么样的房子，用什么买东西，交通工具是马还是车子呢？其实认识了相关的甲骨文之后，这些都可以在字里得到解答！

册

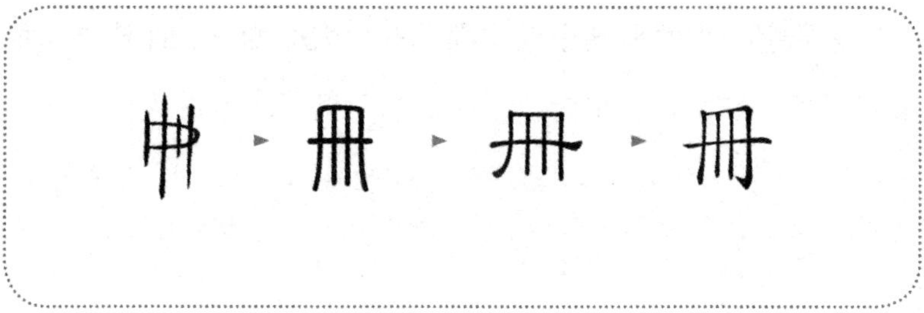

大家想必时常听到，在闽南语中称“读书”为“读册”，甚至有“读册读册愈读愈戚”的俗谚，意思是形容读书没长进，反而愈读愈回去，所以“册”到底是什么呢？“册”就是古代的书。

商代是个没有纸的时代，当时的书和现在并不相同，该怎么形容呢？其实就是长得像“册”字的模样。

为什么这么说呢？上古时代的人们会将竹子削成一片片细小长条状，然后用毛笔在上面书写文字，之后再用麻绳或皮革将这些竹片串联起来，于是就成了所谓的“简册”，也就是当时的书本。

而甲骨文的“册”字就是竹片被编连起来的形状，“册”字的竖画就是指那些竹片。而横画呢？就是指编连的丝绳。这也证明了殷商时代确有典册，甲骨卜辞中有“再册”，意思就是奉命册封之。

这个字一直发展到今天，都没有太大的变化，即使是从楷书的字形遥想，相信也能依稀看出当年商代书本的模样。

笔

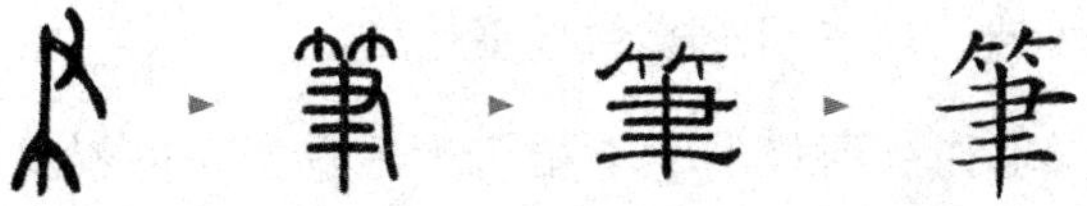

相信大家一定多少听过“蒙恬造笔”的故事。故事是说秦朝的大将军蒙恬，伐楚南下时看到了许多兔子，觉得兔毛甚佳，用来造笔，于是发明了毛笔。由于蒙恬造笔的故事实在太出名了，久而久之，人们总以为毛笔是蒙恬发明的。

其实，早在商代就已经有了毛笔，甲骨文也有“筆”这个字，只是这个笔不从竹，而是写成今天的“聿”字。

可惜的是，至今商代的笔还没有出土，所以我们很难得知它和现代的毛笔有何不同。不过就字形来看，“聿”是人的右手上拿着一只底下分成三岔的笔，显然这支笔的笔头是会岔开来的，不像今天的圆珠笔、铅笔那样笔直，也不是拿芦荻或竹棍改造而成的，应该在笔头的部分有毛、发一类的事物，才会分岔开来。

也就是说，其实毛笔早在商代就已经存在了，并非蒙恬发明的，但为何会有这样的传说出现呢？可能是蒙恬改良了毛笔，使毛笔能够普遍使用，也造就了知识的大量传播，于是人们自然而然就认为发明毛笔的是蒙恬了。

不过，也许是商代的笔不耐三千五百多年的岁月风化，早已腐朽，现在我们所能看到的最早的毛笔，是和居延汉简同时被发现的汉代毛笔。从现有甲骨文的书写和契刻的发现，我们可以确定，商代人的确已经用毛笔写字了。

贝

常常听到父母喊自己的孩子“宝贝”，不知道大家有没有想过为何会是“宝贝”呢？

其实，“贝”最早当然是指贝壳这样具体的东西，不过早在商代，人们已经把“贝”当作珍贵的物品，在后来更发展成交易用的货币。

仔细观察甲骨文中“贝”的字形，虽然线条简洁，却能把贝壳的特征表现出来，尤其是贝壳有着两边扇贝的特色，更是“贝”字最主要的构形元素。不过值得注意的是，“贝”原本的两边扇贝并没有相连，到了后来，因为字形演变的关系，才使两边扇贝逐渐连接，甚至还出现了下方两点的装饰笔画。

也正因为“贝”自古以来就是受人喜爱的珍贵事物，因此后来只要是指称很宝贵的人或物时，就会用“宝贝”来称呼。

在目前安阳小屯村所发掘出的妇好墓中，除了大量铜器、玉器外，更有数以百计的贝壳，那些贝壳被鉴定确认为货贝，这很可能就是妇好这位拥有私人领地的皇后，身后所有的私房钱呢！而这些从东海、南海一带来的贝壳也证明了当时商代人的足迹已经延伸到现今的海南岛和台湾了。

车

车子是现代人经常使用的交通工具，但是令人意想不到的是，在商代也早就出现车子了。不过和现代常见的四轮车的不同之处在于商代的车子大多以双轮为主，而甲骨文的“车”字恰好生动地呈现出了商代车子的形象。

从楷书、隶书或小篆来看，我们会发现“车”字的写法没有什么不同，而且看不太出来双轮车的样子。不过再继续上溯到青铜器上的金文，就可以发现，原来“车”字应该横着看，而不是像现在那样直着写。楷书“车”的上下两画其实是两端的轮子，而中间则代表车厢，这么一来，双轮车的形象便栩栩如生地呈现在我们眼前了。

甲骨文的“车”字也经常出现，文字结构与金文没有太大差别，也是两端有轮子，中间一个车厢。只是由于甲骨文是贞人用刀子契刻在甲骨上的，所以笔画不像金文那样婉转华丽，车轮也无法像金文那样圆润有形，有的笔画甚至直接简化成直线，而车轮则是椭圆或长方形状的。除此之外，学者还发现甲骨文的车通常写成横式的多，直式的也有，但是相当稀少。整本《甲骨文编》收录的二十五个“车”字只有两个写成直式的，可见商代人们还是以相当直观的方式来描绘车子呢！

不过值得一提的是，商代的车子并不是单纯拿来作为交通工具的，最主要的用途还是战车。商周之际有不少战争就是使用车战，所以商代人心中的车子，和现代人所想的并不相同，反而更接近现在我们所谓的战车。

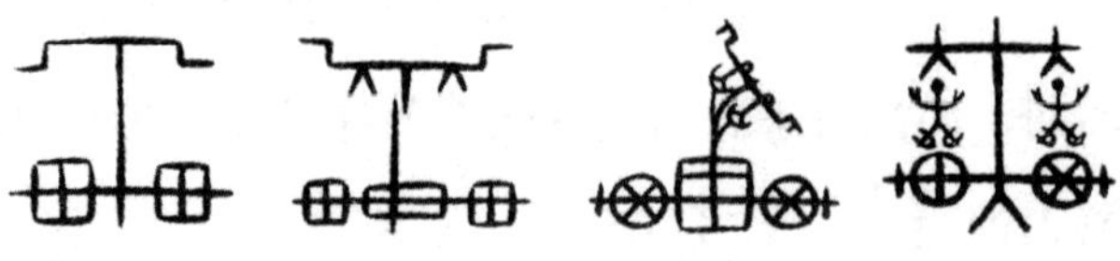

（车）　（车）　（车）　（人驾车）

◎ 商代各式“车”字的写法。

京　门

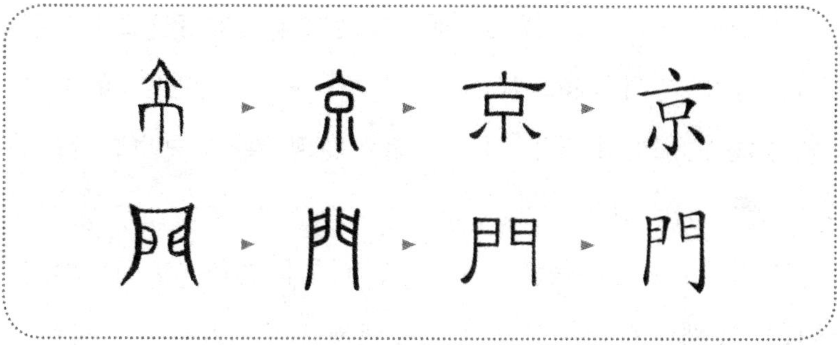

我们在古装剧或是古典小说里面，常常会听人家提到“京城”。一说到京城，首先就是想到那高耸的城墙、热闹的街道和比邻的住宅。而大家都知道京城因为有高耸的城墙，所以称为“城”，那“京”是什么意思呢？它的造字本义又是什么呢？

先来看看甲骨文的“京”，上半部呈屋宇状，下半部则有三个竖笔，这是代表什么意思呢？

由于商代人居住在茅草房屋中，这种房屋往往低矮，而商王朝为了要方便控管人民以及彰显权威，特别建筑了较为高耸的房屋。这种房屋底下使用巨大的木条来支撑，有些类似现在可以在东南亚国家看到的“干栏式建筑”。因为这种高架屋宇只有拥有贵族身份之人才能居住，所以有着这种建筑聚集的地方，也就是王室成员聚集之处，久而久之就被称作了“京”。

看到了商代的房屋，那么商代有没有门呢？中国的门到底何时出现呢？

商代的确是有“门”的，而且甲骨文里面也有这么一个字，只是商代的“门”和现代的“门”不一样，在商代人的眼里，左右两扇门扉的才叫作“门”，而我们现代家家户户装置的一扇门扉的叫作“户”。

“户”本来也不是窗户的意思，而是指这种一扇门扉的门。这样的区别一直延续到清代，直到现代我们改住西式房屋之后，才逐渐混淆不清。所以，之后看到古建筑的“门”务必要好好观察一下。